Hermann Christian August Wilhelm Grosch

Burchard I., Bischof zu Worms

Hermann Christian August Wilhelm Grosch

Burchard I., Bischof zu Worms

ISBN/EAN: 9783743336049

Hergestellt in Europa, USA, Kanada, Australien, Japan

Cover: Foto ©ninafisch / pixelio.de

Manufactured and distributed by brebook publishing software (www.brebook.com)

Hermann Christian August Wilhelm Grosch

Burchard I., Bischof zu Worms

Burchard I., Bischof zu Worms.

Inaugural-Dissertation

eingereicht

der philosophischen Fakultät der Universität Leipzig

zur

Erlangung der Doktorwürde

von

Hermann Grosch.

Jena
Frommannsche Buchdruckerei
(Hermann Pohle)
1890.

Herrn Professor Dr. W. Maurenbrecher

aus Dankbarkeit

gewidmet.

Inhalt.

	Seite
I. Lebenslauf bis zum Amtsantritt	1
1. Die Vita Burchardi	1
2. Name und Abstammung	4
3. Bildungsgang und Bischofswahl	7
II. Stellung zu den Trägern der Politik	12
4. Verhältnis zu den Königen	12
5. Stellung zu seinen Amtsbrüdern	17
6. Teilnahme an den Synoden	20
III. Äußere Verwaltung der Diözese	21
7. Ordnung der Metropole	21
8. Bauliche Verschönerung der Metropole	24
9. Erwerbungen	26
IV. Die weltliche Verfassung der Diözese und das Hofrecht	28
10. Bischof und Graf	28
11. Entstehung des Hofrechtes	31
12. Objekte der Verordnungen	35
13. Der rechtliche Inhalt	38
14. Die Rechtsakte	44
15. Die Gerichtsbeamten	45
16. Rechtlich-wirtschaftliche Lage der Bevölkerung	48
V. Das Dekret und die kirchliche Verfassung der Diözese	54
17. Entstehung des Dekrets	54
18. Bedeutung des Dekrets	61
19. Kirchliche Verfassung der Laien	64
20. Reformation der Geistlichkeit	71
VI. Burchards letzte Tage	78
Schluß	81

I. Lebenslauf bis zum Amtsantritt.

1. Die Vita Burchardi.

Die Vita Burchardi episcopi[1]) ist verfaßt von einem ungenannten[2]) Kleriker[3]), der als ein jüngerer Zeitgenosse Burchards[4]) in Worms[5]) lebte. Worms mag auch wohl der Entstehungsort der Schrift sein. Die Entstehungs-

---

1) So heißt sie in den M. G. Vita Burchardi episcopi ed. WAITZ, SS. IV, 829 ff.; in dem Drucke von 1548 (cf. unten) heißt sie „Vita Beati Burchardi Episcopi Wormatiensis".

2) Häufig als „Anonymus in Vita Burchardi" citiert. Am ehesten ist als Verfasser der Vita zu vermuten der Diakonus Immo in Worms, der Lorscher Briefschreiber der spätere Bischof von Arezzo, der seinen Bruder Alpert, durch seine Erzählungen aus dem Leben Burchards, dazu veranlaßte, demselben sein Werk „De diversitate temporum" zu widmen. Man vergleiche ALPERT, De diversitate temporum libri II ed. PERTZ, SS. IV, 700 Prolog: Frater Immo causa amoris ad me venit; Vita Prolog: Istud autem opusculum hoc modo sumpsit ordinem. BRESSLAU, Jahrbücher des deutschen Reichs unter Konrad II., 1879, II, 534. EWALD, Neues Archiv III, 324. WATTENBACH, Deutschlands Geschichtsquellen im Mittelalter, 4. Aufl., I, 314. MANITIUS, Neues Archiv XII, 197 ff.

3) WAITZ, SS. IV, 829. GIESEBRECHT, Geschichte der deutschen Kaiserzeit, 4°, 1873, I, 787.

4) Vita Prlg., quae vidimus et quae religiosis viris referentibus... didicimus enarrare debemus. WAITZ, SS. IV, 829. WATTENBACH, I, 314.

5) Vita Prlg. Vitam actusque felices beati patris et carissimi senioris mei Burchardi episcopi. — Der Verfasser lebte wenigstens in den letzten Jahren Burchards sicher in Worms.

zeit derselben schätzt man auf 1025—1030 ¹). Der Verfasser wurde von einem Kameraden ermuntert, seinem Drange Folge zu leisten, die Lebensgeschichte seines Herrn der Nachwelt zu überliefern ²). Eigene Erinnerungen ³) und Berichte von Augenzeugen ⁴) sind seine Quelle. Er widmete sein Werk einem ungenannten Bischof ⁵), den er seinen Gönner und Burchards Freund nannte. Dem Originale nahestehende **Handschriften** sind nicht vorhanden ⁶). Eine Abschrift machte der anonymus monachus Kirschgartensis ⁷) in seinem Chronicon civitatis Wor-

---

1) Vita Prlg. aliquot post Burchardi mortem annis exactis. ARNOLD, Verfassungsgeschichte der deutschen Freistädte im Anschluß an die Verfassungsgeschichte der Stadt Worms I, 49 (von einem Wormser Geistlichen) zwischen den Jahren 1025 und 1030 niedergeschrieben. POTTHAST, Wegweiser durch die Geschichtswerke des europäischen Mittelalters von 375—1500 I, 642: nach 1030.
2) Vita Prlg.
3) Vita Prlg. quae viderat. GIESEBRECHT I, 787.
4) Vita Prlg. quae religiosis viris referentibus bona de illo didicerat.
5) Vita Prlg. tu praesul, piissime N., occurrebas menti meae, ut nomini tuo scripta consignarem atque consecrarem. WAITZ, SS. IV, 829 . . . cujus vero nomen indagitare nequivi. Azecho vix intelligi potest, cum auctor nusquam alterum alterius successorem indicet neque verba . . . Ist der Verfasser jener Immo, so würde vielmehr die Bezeichnung magistrum et alterum quasi patrem auf Azzecho sehr wohl passen können, andererseits muß man zunächst in Rücksicht auf das „Burchardo familiarissimum et amicissimum" an Walther von Speier denken, den alten Freund Burchards und Mitarbeiter aus der Nachbarschaft, der ihn überlebte.
6) BETHMANN, Archiv der Gesellschaft für ältere deutsche Geschichtskunde XII, 344, 851. WAITZ, SS. IV, 829. (Vitam illam) cujus jam codicem nullum Wormatia anno 1689 a. Franko-Gallis funestissime diruta et incensa inveniri puto. GIESEBRECHT I, 787. POTTHAST I, 642. WATTENBACH I, 314.
7) Monachus Kirchgartensis, Chronicon Wormatiense bei LUDEWIG, Reliquiae Manuscriptorum omnis aevi II, 34. Burchardus sedecimus episcopus Wormatiensis fuit, cujus historiam ante annos viginti quinque invenimus ad sanctum Paulum. Similiter et in majori ecclesia habetur, quam hic ad laudem civitatis nostrae de verbo ad verbum annectere volo, prout invenio scriptam. WAITZ, SS. IV, 829. Neque tamen tam fideliter illa

matiensis, das er nach 1500 verfaßte. Dieses ist uns auch nur in zwei Abschriften späterer Zeit erhalten, dem Codex Francofurtensis¹) und dem Codex Hamburgensis²).

Der geschichtliche Wert der Vita Burchardi ist ein verhältnismäßig bedeutender, sie ist als eine der besten unter den mittelalterlichen Biographien dieser Zeit zu bezeichnen³). Sie ist mindestens in ihren letzten Teilen von einem Augenzeugen und frisch aus der Erinnerung geschrieben. Sie bietet verhältnismäßig reiche Ausbeute an geschichtlichen Thatsachen, trägt den Charakter der Glaubwürdigkeit unmittelbar an sich und zeichnet sich öfters durch psychologische Wahrheit der Darstellung aus. Dieses längst feststehende Urteil wird im allgemeinen auch durch die Entdeckung nicht aufgehoben, daß der Verfasser in erheblichem Maße Alperts „de diversitate temporum" ausschreibt. Diese Ausschriften betreffen nämlich glücklicherweise historisch untergeordnete Momente, und zwar 1) die Anfänge Burchards (Charakteristik Frankos, äußerlicher Verlauf der Designation, Erlebnisse bei Lucca), 2) von vornherein geringwertige, weil panegyristische und allgemein gehaltene Charakterzüge (Geduld, biblischer Ausdruck, Klugheit, Askese und Epilog), 3) drei (richtige) Zeitangaben, 4) — als relativ wichtigstes — Widerstand gegen Otto, den Salier, Bau der Cella, Weberei der Schwester, äußerer Hergang des Todes. Läßt die Geringfügigkeit der berührten Momente wenig fürchten, so wird noch diese Besorgnis abgeschwächt, wenn wir sehen, daß der Verfasser an den gefundenen Phrasen Alperts wiederholt gerade das ändert, was die Thatsache als solche betrifft. Wo dies nicht geschieht, darf man deshalb um so mehr die Übereinstim-

---

usus est sed sermonem saepe mutavit, alia addidit, alia omisit et opus satis depravatum reddidit. Huc accedit, quod tam codices, quos V. V. Cl. Böhmer et Petersen benevole nobiscum communicarunt, mendis foedissimis scatent, quae an Kirsgartensi monacho aut scribis imperitis sint tribuenda, nescio.

1) Waitz, SS. IV, 830. liber ex Bibliotheca Johannis Maximiliani zum Junge S. XVII med. in folio scriptus est. Matiiiae, Archiv I, 323.

2) Waitz, SS. IV, 830. ex codice Francofurtensi descriptus esse videtur. Lappenberg, Archiv VI, 244, 65.

3) Wattenbach 1, 314.

mungen als richtig betrachten, welche ohnehin im Leben zweier mittelalterlichen Bischöfe leicht eintreten konnten. Der Sachkritik bietet sich nirgends ein Angriffspunkt. So wird denn auch noch das vorsichtige Urteil von MANITIUS, dem Entdecker dieser Benutzung, abzuschwächen sein.

Die Schrift scheint das **Schicksal** gehabt zu haben, im Mittelalter völlig in Vergessenheit geraten zu sein [1]), da sie nirgends citiert wird. In der Reformationszeit wurde sie zwar mit dem Dekrete Burchards gedruckt [2]), blieb aber immer noch verhältnismäßig wenig benützt, bis ihre Edition in den Monumenten zu eingehenderer Würdigung ihrer quellenmäßigen Bedeutung führte.

2. Name und Abstammung.

Der **Name** unseres Bischofs wird, wie der anderer Bischöfe seiner Zeit [3]), in außerordentlich verschiedenen Formen geschrieben. Eine Grundform, welche eine Zusammensetzung zweier Wortwurzeln darstellt, und eine kürzere Koseform treten in mannigfachen Variationen auf [4]); wir schreiben ein für allemal die häufigste Form „Burchard". Worms hat zwei Bischöfe

1) WAITZ, SS. IV, 829.

2) (QUESTEN-BURGH)	LUDEWIG	WAITZ	MIGNE
B.' Dekrete	Reliquiae II, 34 ff.	SS. IV, 829/49.	P. L. CXL, 506
1548	1720	1841	1853
Novesianus	—	Hahn	Migne
Köln	Frankfurt u. Leipzig	Hannover	Paris-Montrouge
Fol.	8⁰	Fol.	4⁰

3) WILL, Regesten zur Geschichte der Mainzer Erzbischöfe I, XIV, XVI etc.

4) Grundform:

		Koseform:	
Burcard	STUMPF 1440	Bucco	GAMS 323
Burkard	SCHANNAT II, 35	Buggo	SCHANNAT I, 331
Burchard	SCHANNAT II, 32		
Burckard	MANSI XIX, 2871		
Burghard	STUMPF 1283		
Burchgard	SCHEID IV, 283		
Burgbart	SCHANNAT II, 32		
Burkhart	STUMPF 1543		
u. a.			

gleichen Namens gehabt. Unser Burchard ist der I. Auch der Ort seiner Thätigkeit wird in verschiedener Weise bezeichnet [1]). Als **Geburtsland** Burchards wird uns die Provincia Hassia angegeben [2]). Es ist darunter wohl einer der Gaue zu verstehen, in welche die Diözese Mainz zerfiel [3]). Genauer ist der **Geburtsort** nicht angegeben, jedoch könnte man vielleicht aus der Lage seiner Güter, welche er später verschiedenen Stiftern vermachte, eine nähere Bestimmung desselben versuchen. Zunächst hatte nämlich Burchard, ehe er in St. Viktor war [4]), vom Kaiser Otto III. Güter zum Geschenk erhalten, wie uns die Vita berichtet [5]). Vom 27. Oktober 994 besitzen wir zwei Urkunden, die diese Angabe bestätigen [6]). Die Vita berichtet zweitens, daß Burchard, ehe er St. Viktor angehörte, vom Kaiser geschenkte, aber auch von den Eltern ererbte Güter diesem Stifte zuwandte. Hier liegt es gewiß nahe, anzunehmen, daß beiderlei Güter bei einander gelegen haben [7]). Die Schenkungsgüter jener Urkunden aber liegen bei Fiermenne und Gerbrachtshausen und, ausdrücklich wird hinzugesetzt, gleichfalls in pago Hassia. Dann haben also auch die Erbgüter in der Umgebung des heutigen Kassel gelegen, besonders wohl in süd-westlicher Richtung ins Fulda- und Lahngebiet hinunter. Was sein **Geburtsjahr** anbetrifft, so läßt sich dasselbe auch nur sehr annähernd bestimmen: 1025 ist er gestorben, ist er im Jahre 1000 auf den Bischofsstuhl gestiegen, so war er zunächst die letzten fünfundzwanzig Jahre seines

1) Urbs Vangionum, Wormatia etc.
2) Vita cp. 1.
3) Böttger, Diöcesan und Gaugrenzen Norddeutschlands I, 166 u. 196.
4) cf. p. 9.
5) Vita cp. 2. Arnold I, 52.
6) I. Urk. v. 994 . . . quandam nostrae proprietatis partem mansum unum, quem Hermannus comes antea in beneficium habuit in villa Fiermenne in comitatu Thancmari comitis et in pago Hassiae situm; et insuper mancipia . . .
II. Urk. v. 994 . . . quandam nostrae proprietatis partem mansos quinque, quos Herimannus comes antea in beneficium habuit in villa Gerbrachtshuson in comitatu Thancmari comitis et in pago Hassiae sitos cum mancipiis utriusque sexus etc. . . . .
7) Arnold I, 52.

Lebens Bischof. Es fragt sich nun, wie alt er war, ehe er den
Wormser Stuhl bestieg. Nach kanonischem Recht durfte er
nicht vor dem dreißigsten Jahre [1]) Bischof werden. Er wurde
also mindestens fünfundfünfzig Jahre alt. Nehmen wir für seine
in mehreren Stufen [2]) aufsteigende Laufbahn noch weitere etwa
fünf Jahre in Anspruch, so würde er sechzig Jahre alt gewor-
den und ums Jahr 965 geboren sein. Es würde dies mit der
Vorstellung neuerer Schriftsteller übereinstimmen, welche ihn
oft den „alten Burchard" [3]) nennen, andere lassen ihn freilich
„noch in jungen Jahren zum Bischof von Worms erhoben
sein" [4]). Was seine Vorfahren anbetrifft, so behauptet die
allgemeine Biographie, daß die Wormser Bischöfe Hanno und
Hildebald Burchards Geschlecht angehörten [5]). Die Vita sagt
hierüber nichts, und ich weiß wie ARNOLD nur, daß jenes Brü-
derpaar aus demselben Lande stammte, wie unser Bischof [6]).
Seine Eltern müssen wohlhabende und angesehene Leute gewesen sein [7]), was die Vita damit begründet, daß sie ihm sonst
nicht eine so gute Bildung hätten angedeihen lassen können [8]).
Von Geschwistern sind uns zwei bekannt: sein wohl wenig
älterer [9]) Bruder Franko [10]) hatte den Lebensweg im wesent-

---

1) Decr. = Burchard, Decretorum libri XX, II, 9.
2) Decr. II, 224 eine solche Stufenreihe.
3) GIESEBRECHT II, 193.
4) WATTENBACH II, 114. — Zu dieser Auffassung paßte
allerdings folgende Rechnung: Olbert, sein Lehrer, starb erst
1048, er muß also 23 Jahre später, um Burchards Lehrer sein
zu können, mindestens 5 Jahre früher, in Summa 28 Jahre
länger gelebt haben. Wenn Burchard nur 55 Jahre wurde,
wurde Olbert bereits 83 Jahr alt.
5) Allg. Biogr. = SCHULTE u. WIEGAND in der Allgemeinen
deutschen Biographie III, 563. Er entstammte einem vornehmen
Geschlecht, aus dem Worms mehrere Bischöfe empfing, Hanno
950—974, Hildebold 975—993 und 993 Burchards Bruder
Franco.
6) ARNOLD I, 50.
7) Vita cp. 1. ARNOLD I, 50.
8) Vita cp. 1.
9) SCHANNAT, Historia episcopatus Wormatiensis I, 331.
10) Vita cp. 3 Franco praedicti Burchardi frater.

lichen mit ihm geteilt¹) und war mit ihm Hofkaplan geworden²) und im Jahre 998 Bischof in Worms³). Er stand in persönlicher Gunst bei Kaiser Otto III., auf dessen letztem Römerzuge hatte er ihn begleitet, u. a. an seinen asketischen Übungen teilgenommen⁴) und ist in Rom gestorben⁵). Eine jüngere Schwester Burchards war Mathilde; sie war ursprünglich nicht dem geistlichen Stande bestimmt. Es wird von ihr berichtet, daß sie ein tugendsames, fleißiges Mädchen gewesen sei und sich besonders durch Fertigkeit im Weben ausgezeichnet habe; sie lebte bei Burchard in Worms⁶), und er hat sie, wie wir an einer anderen Stelle berichten werden, später zur Äbtissin gemacht.

3. Bildungsgang und Bischofswahl.

In Koblenz⁷), also vermutlich nicht allzuweit von seinem Geburtsort, bei den Benediktinern⁸) erhielt Burchard die erste kanonische Bildung. Sie mag den Zeitgenossen hervorragend erschienen sein, wenigstens bringt sie der Biograph, wie bemerkt, in Zusammenhang mit der Wohlhabenheit der Eltern. Bald aber mochte er der Schule der Mönche entwachsen sein und nahm zu fernerer Ausbildung an verschiedenen Orten Aufenthalt⁹), bis er in Lobbes einen Lehrer fand, der ihn für die Dauer fesselte: Olbert¹⁰), welcher damals von seinen weiten Bildungsreisen zurückgekehrt, wieder einfacher Mönch in Lobbes war¹¹). In

---

1) SCHANNAT I, 331. — So hatte er sich, wie Burchard, dem geistlichen Stande gewidmet, war wie dieser Hofkaplan, Abt zu Lorch und Bischof in Worms. Allg. Biogr. III, 563. Franco früher Abt von Lorch.
2) SCHANNAT I, 331. ARNOLD I, 49.
3) Vita cp. 3.
4) Vita cp. 3.
5) Vita cp. 4 ff.
6) Vita cp. 12.
7) Vita cp. 1.
8) Allg. Biogr. III, 563.
9) Vita cp. 1. Deinde per loca diversa causa studii directus est.
10) WATTENBACH I, 314. Allg. Biogr. III, 563.
11) WATTENBACH II, 114. HIRSCH, Jahrbücher des deutschen Reichs unter Heinrich II, 1862, II, 194.

der Verbindung von theoretischen Neigungen und praktischer
Bethätigungskraft beider Männer könnte man einen Zug für
die Kongenialität der Naturen finden. Die frühere Behauptung,
daß Burchard hier, wie überhaupt je, Mönch gewesen, ist
falsch [1]); daß Burchard jemals in Lüttich Kanonikus war,
wird heute mit Recht allgemein verneint [2]). Diese falsche Nach-
richt geht auf den Continuator der Laubacher Abtsgeschichte
zurück, welcher die beiden richtigen Züge: daß Burchard als
Kleriker von Olbert in Lobbes gebildet wurde, und zweitens:
daß Balderich von Lüttich den Olbert von Lobbes an Burchard
von Worms schickte, als dieser an seine kirchenrechtliche Sammlung ging, zu einem dritten falschen Bericht verschob, nämlich:
daß Burchard als Kanonikus von Olbert in Lüttich unterrichtet
wurde [3]). Unbeschadet Burchards dankbarer Gesinnung bleibt
es auch fraglich, ob er seinen Lehrer zur Abtstelle in Gembloux
direkt empfohlen habe [4]), vielmehr hatte Olbert Ruhm genug,
um ohnedies eine solche Auszeichnung zu verdienen. Unter
Olberts Leitung machte Burchard bald solche Fortschritte, daß
sich sein Ruf in die Adelskreise und bis zum Kaiser zu ver-
breiten begann. Mag dies nun schon in seinen Laubacher oder
erst Mainzer Aufenthalt fallen [5]), genug, er fand bei Erzbischof

1) MASTRICHT, Historia juris ecclesiastici et pontifici 280.
FISEN, Historia ecclesiae Leodiensis liber VII a. a. 972/3, p. 237.
BALLERINI, Tractatus de antiquis collectionibus et collectioribus
canonum ad Gratianum usque 633 (bei GALLANDIUS, Dissertationum
sylloge de vetustis canonum collectionibus) citieren wohl falsch:
„Fisen flores ecclesiae Leodiensis 328".
2) WAITZ, SS. IV, 832, 1. HIRSCH II, 194, 4.
3) Continuator von Folcuin, gesta abbatum Lobiensium bei
D'ACHERY-BARRE, Veterum aliquot scriptorum . . . spicilegium II,
744. Ordinatur post hunc Ingobrandus, quo tempore Olbertus
nostrae congregationis monachus Burchardo Leodiensi canonico
postea Wormatiensi episcopo a Balderico Leodiensi episcopo con-
ceditur. EBELING, Die deutschen Bischöfe bis zum Ende des
XVI. Jahrhunderts II, 531. ARNOLD I, 49.
4) Continuator Folcuini II, 744 . . . Burchardus magistri
sui non oblitus est, sed . . . virum tanta praeditum gratia ad
aliquam provehere dignitatem curavit: . . . apposuit idem episcopus ut . . . eumdem insuper monasterio S. Jacobi, . . . abbatem
constitueret. SCHANNAT I, 335.
5) SCHANNAT I, 331. ARNOLD I, 49.

Willigis von Mainz, wohin er sich nunmehr begeben hatte [1]), Anerkennung seiner Eigenschaften und Auszeichnung [2]) und wurde von Kaiser Otto wiederholt beschenkt [3]). Wie früher Olbert, wird jetzt Willigis sein Lehrer und Meister, und wiederum könnte man an ein über den Zufall hinausgehendes willkürliches Zusammenfinden denken, wenn man die Übereinstimmung der Charaktereigenschaften beider Männer beachtet. Unter Willigis stieg der junge Kleriker in der Reihe der kirchlichen Grade [4]), wurde Diaconus [5]), dann Probst in seines Erzbischofs Lieblingsstiftung St. Viktor in Mainz [6]). Hier war es ihm zum erstenmal vergönnt, eine größere Thätigkeit zu entfalten, und schon hier werden Züge hervorgehoben, die für ihn charakteristisch geblieben sind: seine Liberalität, mit der er dem Kloster seine Güter schenkte [7]), und die Bauthätigkeit, mit der er es schmückte [8]). Blieb er in dieser Stellung stets im Verkehr mit Willigis [9]), so ernannte ihn dieser dann auch zum „camerae magister et civitatis primas" [10]); und er war es auch, der ihm 997 die Priesterweihe erteilte [11]), während ihn der Kaiser durch den Titel eines Hofkaplans geehrt hatte [12]). — Unter eigentümlichen Verhältnissen kam Burchards Bischofs-Wahl zustande und ich will nicht bestreiten, daß dies vielleicht auf seine mittelalterlichen Zeitgenossen einen gewissen Eindruck gemacht hat [13]). Zum Nach-

1) Vita cp. 1. Schannat I, 331. Ossenbeck, De Willigisi ... vita et rebus gestis, 39. Allg. Biogr. III, 563.
2) Vita cp. 1.
3) Urk. v. 994.
4) Vita cp. 2.
5) Vita cp. 2. Schannat I, 331. Ossenbeck 39/0.
6) Vita cp. 2. Allg. Biogr. III, 563.
7) Vita cp. 2. Waitz IV, 833, 3, diploma non reperio.
8) Vita cp. 2.
9) Vita cp. 2, hunc ergo locum archiepiscopo adjuvante ... adauxit.
10) Vita cp. 2, ergo Willigisus sibi familiarissimum elegit et suae camerae magistrum ac civitatis primatem constituit. Allg. Biogr. III, 563. Ossenbeck 39/0.
11) Schannat I, 331, nec non demum anno 997 die VI Idus Martii presbyterum inunxit. Allg. Biogr. III, 563.
12) cf. p. 7.
13) Arnold I, 49.

folger **Hildebalds**¹) wurde im Jahre 998²) Burchards älterer Bruder **Franko** auf den Wormser Bischofsstuhl berufen³). Derselbe war jedoch bereits im folgenden Jahre in der Umgebung des Kaisers Otto⁴) in Rom gestorben⁵). Er hatte nun vor seinem Sterben auf des Kaisers Frage, wem er nach ihm den Bischofsstuhl anvertrauen solle, seinen Bruder Burchard empfohlen⁶). Der Kaiser aber soll ihm dies eidlich versichert⁷) und sich einen Bittbrief haben anfertigen lassen, den er in seine Tasche steckte, damit er ihn an sein Versprechen erinnere⁸). In der That muß der Kaiser ein schlechtes Gedächtnis gehabt haben, da er nach des Bischofs sehr baldigem Tode unter den Bewerbern um den Stuhl seinen Kaplan⁹) **Erfo** erwählte¹⁰). Dieser aber starb drei Tage darauf¹¹). Abermals traten Bewerber an den Kaiser heran¹²), er erwählte den, der am meisten zahlte, seinen Kaplan **Razo**¹³). Dieser reiste sofort nach Deutschland ab, starb aber nach vierzehn Tagen auf seiner Reise in Chur¹⁴). Da erinnerte sich der Kaiser endlich seines

1) Vita cp. 3. THIETMAR, chronicon ed. LAPPENBERG SS. III, 723 ff., III, 39.
2) WAITZ, SS. IV, 833: 998 Aug. 4. Nach GAMS, Series episcoporum ecclesiae catholicae 323, war Aug. 4 der Todestag Hildebalds.
3) Vita cp. 3.
4) Vita cp. 3.
5) Vita cp. 3, eadem die et hora, qua ipse praedixit, morte succubuit corpusque suum Romae cum magno honore in pace sepultum est. WAITZ, SS. IV, 834: 999 Aug. 27. GAMS 323: Franco starb 999, VIII, 28. Allg. Biogr. III, 563, Franko . . . der zu Rom 996 sterbend . . . ARNOLD I, 50, als nämlich Bischof Franko . . . im Jahre 999 zu Rom starb.
6) Vita cp. 3.
7) Vita cp. 3.
8) Vita cp. 3. — Oder war es überhaupt ein urkundliches Versprechen, welches der Kaiser vielleicht schon früher gegeben hatte?
9) GFRÖRER, Allgemeine Kirchengeschichte IV, 1, 175. GIESEBRECHT I, 730.
10) Vita cp. 3. THIETMAR III, 39.
11) Vita cp. 3.
12) Vita cp. 4.
13) Vita cp. 4.
14) Vita cp. 4. GFRÖRER IV, 1, 175.

Versprechens und ließ den Wormser Sitz vakant¹), bis er Anfang 1000 nach Deutschland zurückkehrte. Auf seiner Reise wartete ihm der Erzbischof von Mainz in Kirchberg auf, in seiner Umgebung befand sich **Burchard**²). Hier nun eröffnete der Kaiser dem Erzbischof, daß seine Wahl nunmehr auf Burchard gefallen sei³), und da Willigis gegen seinen Vertrauten nichts einzuwenden hatte, ließ Otto Burchard herbeirufen und erklärte ihn unter dessen obligaten Unwürdigkeits-Beteuerungen zum Bischof von Worms. Nachdem so die **Designation** zu **Kirchberg**⁴) erfolgt, nahm der Erzbischof wenige Tage darauf die **Infulierung** zu **Heiligenstadt** vor⁵); hierselbst aber fand am folgenden Tage die **Salbung** statt⁶) und schließlich die feierliche **Entlassung**⁷). So reiste der neue Bischof nach Worms ab, um hier alsbald sein segensvolles Wirken zu beginnen. Unter den Bischöfen, die Worms hatte, wird ihm bald die vierzehnte⁸), bald die sechzehnte **Stelle**⁹) angewiesen. Über das **Jahr der Wahl** Burchards herrscht bei den älteren Autoren Verschiedenheit der Angaben¹⁰) und zum Teil ausdrücklicher Zweifel¹¹). Wenn Kaiser Otto im Jahre 1000 aus Italien nach Deutschland zurückkehrte, so muß im selben Jahre¹²) die Wahl Burchards erfolgt sein, falls der

---

1) Vita cp. 4.
2) Vita cp. 5.
3) Vita cp. 5. BRESSLAU I, 105.
4) GFRÖRER IV, 1, 175. WILMANS, Jahrbücher des deutschen Reichs unter der Herrschaft König und Kaiser Ottos III. 1840, 112. OSTERLEY, Historisch-geographisches Wörterbuch des deutschen Mittelalters, 343. KEHR, Die Urkunden Ottos III., 252. — Jedenfalls erfolgte Burchards Wahl wenige Tage nach dem 6. April.
5) Vita cp. 6. ARNOLD I, 50.
6) Vita cp. 6.
7) Vita cp. 6.
8) SCHANNAT I, 331.
9) Monachus Kirsgartensis II, 34.
10) SCHANNAT I, 331. MASTRICHT II, 148. BALLERINI 633.
11) Allg. Biogr. III, 563. Da fiel des Kaisers Wahl — das Jahr steht nicht sicher fest — auf Burchard.
12) ARNOLD I, 49: Gewiß war es ein gutes Schicksal für die Stadt, daß mit dem neuen Jahrtausend ein Bischof voll Kraft und Eifer auftrat.

bereits am 10. Juni, finden wir den König wieder in Worms¹), von wo er dann nach Schwaben ging, um durch Verwüstung von Hermanns Gebiete ihn zur Ergebung zu zwingen²). Nachdem diese erfolgt war, erfüllte der König auf Burchards dringendes Anliegen sein gegebenes Versprechen. Dafür hat er sich für seine Lebenszeit an Burchard einen treuen Anhänger erworben, den er später, wie wir sehen werden, noch **oft reich beschenkt** hat. Es wäre anzunehmen, daß sie beide, jedesmal wenn der König in Worms war, zusammengekommen sind³), jedoch haben des Königs Wege sehr selten wieder Worms berührt, nur bei hervorragenden Gelegenheiten. Auch auf den Konzilien haben sie sich oft begegnet; sonst aber wird folgendes ausdrücklich überliefert. Im Jahre 1008 und 1013 ist **Burchard mit Heinrich II. in den Bamberger Angelegenheiten thätig.** Im Jahre 1013 findet am 20. Juli zu Frankfurt ein Fürstentag statt, auf welchem die Vorbereitungen zu Heinrichs zweitem Römerzug besprochen werden; vom 21. Juni bis zum 20. Juli ist der König in Frankfurt anwesend⁴). Zahlreiche Geistliche sind um ihn, darunter auch Burchard⁵). Nach einer raschen Reise nach Osten macht der König eine Reise nach dem Westen des Reiches, um hier die nötigen Truppen zum Zuge zu sammeln⁶), dann wendet er sich rasch nach Italien über die Alpen und ist vor Weihnachten in Pavia. Seine Gemahlin und viele Bischöfe begleiten ihn⁷), und auch **Burchard von Worms nimmt an diesem zweiten Römerzug teil.** Wann er wieder heimgekommen, ob er den ganzen Zug mitgemacht, wird uns nicht berichtet. Doch fand er bei seiner Heimkehr alles wohlgeordnet, wie er es ver-

---

Ann. Quedl. a. a. 1002. MARIANUS SCOTUS, Chronicon a. a. 1024. Ann. Hild. a. a. 1002. SIGEBERT, Chronicon a. a. 1002. OSSENBECK 30.

1) GIESEBRECHT II, 23.
2) THIETMAR V, 7. ADALBOLD 7. GFRÖRER IV, 1, 11.
3) Des Königs Aufenthalt in Worms bezeugen von Urkunden: 1002 VI, 10. 1018 VII, 11 (?)
4) HIRSCH II, 413.
5) HIRSCH II, 414.
6) THIETMAR VI, 56. HIRSCH II, 414.
7) HIRSCH II, 415.

lassen¹). Wie der König bei der Einweihung des Domes in Worms zugegen war, als er im Jahre 1018 nach Burgund zog, wird später des näheren zu erzählen sein.

Der nachmalige König Konrad II. scheint nach seines Vaters Heinrich frühem Tode²) die fränkischen Besitzungen desselben rechtmäßig geerbt zu haben, jedoch nur zum Teil und in hartnäckigem Streite mit seinem Großvater Otto³) und seinem Oheim Konrad. Noch als Knabe⁴) scheint er von seinen Verwandten eine so schlechte Behandlung erduldet zu haben⁵), daß er infolge derselben zu dem natürlichen Gegner des salischen Hauses⁶), das in Worms seine Stammburg hatte, zu Burchard getrieben wurde⁷). Dieser nahm ihn freundlich auf, scheint ihn mehrere Jahre bei sich gehabt zu haben und sorgte liebevoll für seine Ausbildung⁸). Freilich mögen diese Unterweisungen eine systematische Erziehung nicht ersetzt haben⁹), höhere Ausbildung seines Geistes fehlte ihm¹⁰); doch gedieh in der Unabhängigkeit sein herrlicher Körper¹¹) und sein fester Sinn¹²). So mußte es denn ein hoher Ehrentag für den alten Bischof sein, als sein edler Zögling am 8. September des Jahres 1024 zum deutschen König gewählt wurde, und sonderbar, gerade er und sein benachbarter Freund Walther von Speyer werden nirgends als anwesend bei der Königswahl in Camba bezeugt. Mochte Burchard, der in jenen Tagen bereits stark kränkelte, durch seinen Gesundheitszustand an der Anwesenheit verhindert sein, oder ist es merkwürdiges

---

1) SCHANNAT I, 233.
2) HIRSCH II, 23. WILMANS 196. BRESSLAU I, 13 ff.
3) HIRSCH I, 326/7. GIESEBRECHT II, 218.
4) Vita cp. 7, juvenem. HIRSCH II, 23. GIESEBRECHT II, 220. BRESSLAU I, 8.
5) Vita cp. 7. BRESSLAU I, 5. HIRSCH II, 23.
6) BRESSLAU I, 7/8. HIRSCH II, 23.
7) Vita cp. 7, vocatum. BRESSLAU I, 5. GIESEBRECHT II, 218.
8) Vita cp. 7.
9) BRESSLAU I, 80.
10) WIPO, Vita Chuonradi imp. cp. 6. Chron. Novalic. Appendix cp. 17.
11) WIPO cp. 3. BENZO ALBENSIS, ad Heinricum IV. libri VII. lib. VI, 4. BRESSLAU I, 8.
12) BRESSLAU I, 7/8.

Zufallsspiel, genug, wir können keine bestimmte Aussage thun ¹). Wenn man auch bemerken könnte, daß die Auslassung Walthers, welche allerdings auf einer Ungenauigkeit zu beruhen scheint ²), zur Annahme einer gleichen bei Burchard berechtige. Nach seiner Wahl that bekanntlich Konrad den ersten **Königsritt** durchs deutsche Land; Lothringen, Sachsen, Baiern und Schwaben hatte er besucht, als er in der Mitte des Juli 1025 von Straßburg rheinabwärts zurückzog ins heimatliche Frankenland ³). Hier besuchte er nun zunächst die Bischöfe, welche ihm bei seiner Wahl nahe gestanden. Den 14. und 15. Juli ist er in Speyer ⁴), und von hier aus läßt er seinem greisen Lehrer für die nächste Woche seinen Besuch anmelden. Burchard wurde gerade von Krankheit heimgesucht und empfand es schwer, daß er seinen königlichen Schüler und Herrn nicht geziemend als Wirt empfangen sollte ⁵). Da erzählt uns die Vita einen schönen Zug. Burchard ging in seine Kapelle und verblieb daselbst lange in Andacht. War es das letzte Gesundheitsgefühl vor dem nahen Ende, oder ein Akt der Willenskraft, wie er seiner würdig war, genug, der Kranke trat gesund aus der Zelle und traf die Anordnungen für den Empfang ⁶). Laut der Ankündigung traf der König in der Woche zwischen dem 18. und 24. **Juli in Worms** ein ⁷). Wie lange er bei Burchard blieb und was er that, wird nicht berichtet; am 26. finden wir ihn in **Tribur**; sein Lehrer aber hatte ihm bis dorthin das Geleit gegeben und blieb daselbst drei Tage ⁸). Dann aber ließ er sich Urlaub geben und eilte nach Worms zurück, um bald zu sterben ⁹).

1) Bresslau I, 19.
2) Bresslau I, 19.
3) Bresslau I, 89/0.
4) Bresslau I, 89/0.
5) Vita cp. 21. Bresslau I, 89/0.
6) Vita cp. 21.
7) Bresslau I, 90, 1.
8) Vita cp. 21. Bresslau I, 89/0.
9) Kein Interesse hat für uns hier mehr die Frage, ob Konrad nach Burchards Ende in Worms war, und wie weit er auf die Wahl von Burchards Nachfolger Azzecho eingewirkt hat. Es verbreitet sich darüber: Bresslau I, 35 und 95/0. Excurs.

5. Stellung zu seinen Amtsbrüdern.

Nach Burchards Amtsantritt haben uns unsere Quellen, insbesondere auch die Vita, von persönlichen Beziehungen desselben zu seinen Metropoliten nichts mehr zu erzählen, doch finden sich einige, auch mehr politische, Züge über sein Verhältnis zu mehreren Bischöfen und Äbten seiner Zeit zerstreut überliefert [1]. Auf dem Zuzug, welchen Burchard, wie erwähnt, im Jahre 1002 dem Kaiser Otto zu leisten unternahm, war der mitziehende Abt von Fulda: Erkenbald, der spätere Vorgesetzte Burchards; jener Bischof von Würzburg aber war Heinrich. Auch zu Heinrich II. stand bekanntlich Heinrich von Würzburg anfangs gut [2], am 25. Mai 1004 schlossen sie einen Vertrag, wonach der Rednitzgau von Würzburg gegen hundertfünfzig Hufen zu Meiningen eingetauscht wurde [3]. Diesen Tausch genehmigten viele Geistliche, die in Mainz anwesend waren: Willigis, Burchard und andere [4]. Später entbrannte dann aber zwischen den beiden Heinrichen der bekannte Streit. Im Jahre 1007 hatte Heinrich II. auf der Synode zu Frankfurt am 1. November die Zustimmung der versammelten Bischöfe zu der Errichtung des Bistums Bamberg errungen [5]; nur Heinrichs von Würzburg Genehmigung fehlte. Er war auf der Synode nicht erschienen und schloß sich von jedem Verkehr ab [6].

1) Burchard v. Worms   ?/4   1000—1025 20/8
   Willigis v. Mainz   13—25/1   975—1011   23/2
   Erkenbald v. Mainz   1/4   1011—1021 17/8
   Aribo v. Mainz   (0/9)   1021—1031   6/4
   Heinrich I. v. Würzburg 24/11   995—1018 14/11
   Walther v. Speyer   8/8   1004—1031   3/12
   Eberhard I. v. Bamberg   (1/1)   1004—1040 (13/8)
   Balderich II. v. Lüttich 4/9   1008—1018 30/7
   Gerhard I. v. Cambray   3/2   1013—1048 (14/3)
   Erkenbald v. Fulda   997—1011
   Bobbo v. Lorsch
2) Hirsch II, 57.
3) Hirsch II, 59—61.
4) Notitia Synod. Francof. bei Mansi, Sacrorum conciliorum nova et amplissima collectio XIX, 268.
5) Hirsch II, 66—68.
6) Hirsch II, 13.

In dem vielgenannten Schreiben Arnulfs von Halberstadt an Heinrich [1]), das diesen zur Nachgiebigkeit ermahnt, heißt es: „Sprich doch mit denen, die dein Wohl wie ihr eigenes fühlen, mit Erzbischof Willigis, deinem geistlichen Vater und Bruder, mit Erzbischof Heribert, deinem leiblichen Bruder, und dann mit Bischof Burchard von Worms und deinen andern Freunden, und verschmähe nicht, was sie dir raten." Man hat hieraus geschlossen, daß sich Heinrich an den Rhein begeben hätte, in die Nähe dieser Männer [2]). Nachdem dann die Versöhnung längst eingetreten war, im Jahre 1013, hat abermals ein Tauschgeschäft zwischen den beiden Heinrichen statt, damals als sich Heinrich II. gleichfalls in Frankfurt befindet (21. Juni) in Begleitung unter anderen von Burchard, und dieser wird auch in der Tauschurkunde als Intervenient genannt [3]). Der Ausdruck Schannats [4]), welcher Hoffmanns, Bamberger Annalen [5]) folgt, Burchard habe einen „Streit zwischen Eberhard und Heinrich von Würzburg geschlichtet", erweist sich nach Obigem als unzutreffend. Dasselbe gilt von dem Satze Schannats: „ab Heinrico in lustrandis imperii provinciis comes inter caeteros accitus varia simul tractare negotia ei datum fuit: nam et Florinensis monasterii fundationem a Gerardo Cameracensi episcopo recenter factam suo quoque probavit calculo." Eine solche zusammenhängende Inspektionsreise, von etwa Mai 1012 bis Juni 1013, hat nicht stattgefunden. Heinrich bewegt sich bekanntlich während dieses Zeitraumes in verschiedener Thätigkeit nach verschiedenen Richtungen. Auch ist am 27. Mai 1012 Burchard nicht des Königs Begleiter: Heinrich, Gerhard und Burchard befinden sich am 27. April in Bamberg — Ger-

---

1) Hirsch II, 73, 3.

2) Hirsch II, 73.

3) Wenck, Hessische Landesgeschichte, Urkundenbuch I, 4. Monum. Boic. XXVII, 1, 442. Böhmer, Regesta chronologicodiplomatica regum atque imperatorum Romanorum inde a Conrado I. usque ad Heinricum VII. 1098. Stumpf 1583. Hirsch II, 125, 1; 126, 3; 414.

4) Schannat I, 331.

5) Hoffmann, Annales Bambergenses, bei Ludewig, Scriptores rerum episcopatus Bambergensis I, 50.

hard empfängt hier die Benediktion ¹) — am 17. Mai aber ist der König wieder in Bamberg oder auf der Reise von Bamberg nach Sachsen ²). Gerhard aber fertigt an diesem Tage die von SCHANNAT für echt gehaltene Stiftungsurkunde für die Benediktiner-Abtei in Florennes aus, als deren erster Zeuge Burchard unterzeichnet. Die Urkunde ist aber eine Fälschung ³). Die Bemerkung könnte richtig sein, daß Burchard den Bau des bischöflichen Kollegen kritisierte und begutachtete ⁴), denn Burchard war ein Kenner des Bauwesens. Balderich von Lüttich war es, welcher im Jahre 1008 ihm seinem früheren Lehrer Olbert zusandte, als er im Begriff war, seine große kirchenrechtliche Sammlung zu beginnen. Außer Olbert soll ihn bei derselben Walther von Speyer unterstützt haben, mit dem er bekanntlich Zeit seines Lebens in nachbarlicher Freundschaft verharrte. Sieht man nun auch aus allen diesen vereinzelten Zügen, wie man Burchard allgemein Achtung und Vertrauen bewies, so haben wir doch noch eines Falles zu gedenken, in welchem wir ihn in hartnäckigem Streite sein gutes Recht behaupten sehen. Mit der benachbarten reichen Abtei von Lorsch schwebten seit längerer Zeit Streitigkeiten über die Besitzgrenze im Odenwald. Heftige Kämpfe wurden zwischen den angehörigen Leuten der beiden Stifter geführt, welche nur allzu häufig mit Blutvergießen ausliefen. Lange Zeit hatte dies Treiben Burchard gekränkt, bis es ihm im Jahre 1012 gelang, durch einen Erlaß Heinrichs II. die Streitigkeiten definitiv beizulegen, indem derselbe in einer aus Nierstein datierten Urkunde das alte von König Dagobert, gegebene von Pipin, Karl, Ludwig und Otto I. anerkannte Recht betreffend insbesondere die Grafschaft Lobdengau bestätigte und die Grenzen genau normierte ⁵).

---

1) HIRSCH II, 322 u. 323.
2) HIRSCH II, 325.
3) MIRÄUS-FOPPENS, Opera diplomatica et historica I, 658.
4) SCHANNAT I, 331.
5)

Jahr	Mon.	Tag	Ort	BOOS	SCHANNAT	BÖHMER	STUMPF	Jahrbücher
1012	VIII.	18.	Nierstein	32	38.9	1083	1559	—
1023	XII.	2.	Tribur	38	43	1250	1816	H.III, 293

6. Teilnahme an den Synoden.

Mit seinen Mitbischöfen ist Burchard oft zusammengekommen auf den Synoden und ähnlichen politischen Versammlungen. Die Quellen aber melden uns nichts eingehender über eine weitere Bethätigung Burchards auf ihnen. Sie führen meistens ausdrücklich an, daß er unter anderen dagewesen ist, nennen ihn, besonders in letzter Zeit, oftmals an erster Stelle unter den Bischöfen, aber weiter nichts. Werden wir also über Burchards Thätigkeit synodaler Natur etwas Positives nicht aussagen können, so wird doch folgendes nicht unwichtige, negative Ergebnis festzustellen sein: Da unsere Quellen Augen und Mund haben für das Auftreten eines Aribo, Willigis und anderer, während sie von Burchard von Worms nichts dergleichen zu erzählen wissen, so ist anzunehmen, daß sich Burchard in Politik dieser Art thatsächlich nicht gemischt habe, trotzdem seine Beziehungen zu den Königen gewiß hätten Anregung geben können, sofern er Neigung dazu gehabt hätte, insbesondere, daß für seine Beteiligung an den Versammlungen kein politischer Gedanke maßgebend gewesen ist, da sein Fehlen nirgends ausdrücklich hervorgehoben wird, und wir ihn auf Versammlungen mit verschiedenen Tendenzen vorfinden. Er leistet also wohl einfach den Ladungen seiner Vorgesetzten Folge. Es würde übrigens nichts voreiliger sein, als Burchard deshalb jedes Interesse für solche politische Versammlungen abzusprechen, er hat im Gegenteil Synoden wie der zu Seligenstadt ohne Frage mit höchster Teilnahme beigewohnt, auf denen im Grunde für das Fundament seiner Lebensthätigkeit gestritten wurde [1]). Wir behaupten hier nur, daß Burchard die Führung solcher Verhältnisse nicht minder weise, als bescheiden, Männern überließ, die er dazu für geeigneter hielt als sich. Noch auf einem dritten Gebiet hat man einen Einfluß Burchards auf die Politik von Reich und Kirche zu finden geglaubt, indem man nämlich seiner Kanonsammlung eine großpolitische Tendenz in der Art der pseudo-isidorischen Dekretalen beilegte. Da sich uns jedoch diese Auffassung als

---

1) Nitzsch-Matthäi, Geschichte des deutschen Volkes bis zum Augsburger Religionsfrieden 371/2.

irrig erweisen wird, können wir Burchards politische Bedeutung nur suchen in der beispielgebenden Verwaltung seines kleinen Bischofsstaats.

III. Äufsere Verwaltung der Diözese.
7. Ordnung der Metropole.

Als Burchard im Beginn des Jahres 1000 in Worms ankam, fand er die Stadt in einem sehr traurigen Zustande[1]). Sein Biograph schildert uns denselben mit starken Farben: Es sei kein Wohnsitz für Menschen, sondern ein Schlupfwinkel für Wölfe gewesen; die Mauern zerborsten, die Wälle zerfallen[2]), haben reißende Tiere und Räuberbanden ungehindert Zutritt gehabt[3]). So seien die Bürger aus der Stadt gezogen und hätten sich außerhalb des Weichbildes zweckentsprechende Wohnungen aufgeschlagen[4]). Es ist, glaube ich, nicht nötig, diese Schilderung für besonders grell zu halten[5]), mindestens werden die Verheerungen, welche die Normannen und Ungarn auf ihren fürchterlichen und allzu häufigen Einfällen anrichteten, und ihre Folgen — und diese waren es, welche wesentlich den traurigen Zustand in Worms herbeigeführt hatten — überall mit gleichen Farben geschildert. Zu wiederholten Malen war Worms besonders hart von ihnen heimgesucht[6]), dazu kamen die Fehden des Adels[7]), häufiges Brandunglück[8]), und die politischen Verhältnisse, die sich unter Otto II. und Otto III. herausbildeten, und die nicht geeignet waren, die Erho-

---

1) Vita cp. 6.
2) Vita cp. 6.
3) Vita cp. 6.
4) Vita cp. 6.
5) Arnold I, 53.
6) Ann. Wirzib. a. a. 891. Ann. Aug. a. a. 932. Contin. Reg. a. a. 924, 926, 927, 928, 954, 955. Widukind, Res gestae Saxonicae I, 30. Marianus Scotus a. a. 921, 929, 930, 931, 932, 935, 937, 939. Annalista Saxo a. a. 933, 938 etc. Schannat I, 62 und 211. Arnold I, 53/4.
7) Contin. Reg. a. a. 923. Wattenbach II, 314.
8) Ann. Fuld. majores a. a. 872. Ann. Wirzib. a. a. 873. Ann. Aug. a. a. 873.

lung der Bischofsstadt besonders zu begünstigen. Wohl hatten sich Hanno und Hildebald (950—998) Mühe gegeben, ihren Sitz zu heben ¹), dann aber traten die raschen Todesfälle von Franko, Erpho, Razo und die Sedisvakanz ein ²); erst Burchard gelang es, das Bistum aus diesen traurigen Verhältnissen heraus und geradezu zur Blüte emporzuheben. Das erste, was er zu thun hatte, war natürlich, wieder Menschen in die verlassene Stadt zu bekommen; dazu waren die Bestien und das Gesindel zu vertreiben und dann die verfallenen Wehrmittel der Stadt wieder herzustellen. Das Ziel war nicht ohne Gewalt zu erreichen, sondern es galt, im Kampfe Schritt für Schritt Position zu gewinnen. Besonders hindernd war hier der Umstand, daß Burchard bald in Graf Otto einen Gegner fand, welcher sich nicht scheute, das Gesindel an sich zu ziehen ³). So mußte sich Burchard zunächst auf einen defensiven Kampf beschränken. Er hat zu diesem Zwecke mehrere Bauten aufgeführt, welche für sich eine Kategorie bilden, die man die kriegerische nennen kann, im Gegensatz zu den friedlichen; diese sind die späteren, die anderen die früheren; jene die Bedingung für diese; jene haben bleibende Bedeutung, diese nur vorübergehende ⁴). Das erste von Burchard war eine Wallanlage ⁵), mit welcher er die ganze Stadt umgab, darauf stellte er die Mauern und die Gräben ⁶) neu her ⁷), und zwar that er dies mit Hilfe der Hörigen der Stadt und der Umgebung, und verpflichtete dieselben, daß von ihnen bestimmte Gruppen bestimmte Teile

---

1) Schannat I, 211. Wattenbach I, 314. Epitaph. Gregor. V. bei Baronius, Annales ecclesiastici a. a. 999 § 1. Arnold I, 53/4.
2) Arnold I, 54.
3) Vita cp. 7.
4) Arnold I, 54/5.
5) Vita cp. 6.
6) Urk. v. 985. Arnold I, 54. Hirsch I, 487.
7) Vita cp. 6. Urk. bei Schannat I, 211, welche jedoch vielleicht schon unter Bischof Theodalach 891—914 fällt. Ann. Worm. bei Böhmer, Fontes rerum Germanicarum II, 210. M.G. SS. XVII, 37. Falk, Forschungen zur deutschen Geschichte XIV, 397. Arnold I, 54/5. Gengler, Das Hofrecht des Bischofs Burchard von Worms 7. Köhne, Der Ursprung der Stadtverfassung in Worms, Speyer und Mainz 395/7.

der Anlagen dauernd zu unterhalten hatten, und erließ das Gebot, die Bürger hätten sich jetzt innerhalb der Mauern niederzulassen ¹). Dieses Gebot scheint nicht unmittelbar gewirkt zu haben, sondern erst fünf Jahre erfolgreichen Auftretens vermochten es, alle wieder zurückzuziehen ²), was erst nach der Rückkehr Burchards vom Römerzuge und besonders nach Verdrängung des Grafenhauses nachdrücklich geschehen konnte. Graf Otto und seine Banden mochten dabei den Widerstand nicht unterlassen haben und sogar dem Bischof in seiner Wohnung auf den Leib gerückt sein. So wurde dieser gezwungen, seinen Bischofshof in eine Festung mit Mauern und Geschützen umzuwandeln ³). Hiermit leistete er den frechen Feinden tapferen Widerstand ⁴) und soll oft dieselben durch persönliche Tapferkeit mit Wort und That zurückgeschreckt haben ⁵), woran zu zweifeln wir keinen Grund haben. Eine dauernde Heilung der zerfahrenen Zustände konnte aber, wie erwähnt, nicht eintreten, ehe Graf Otto durch völlige Beseitigung definitiv unschädlich gemacht wurde. Das war die Grundvoraussetzung für Burchards Weiterwirken, und es ist daher nichts natürlicher, als daß er die erste Gelegenheit, die sich dazu bot, benutzte. Das aber war der Fall Juli 1002 bei den Wahlbemühungen Heinrichs II.; als dieser nämlich, wie wir oben sahen, in die Gegend von Worms heranrückte, um sich die wichtige Stimme des Mainzer Erzbischofs und die Burchards zu erwerben, neigte sich der letztere nicht Hermann von Schwaben zu, der die Gegend bei Worms besetzt hatte, sondern trat geschickt auf die Seite Heinrichs, durch den er in den Besitz der Burg Ottos zu gelangen hoffen durfte, zumal dieser Heinrichs Freund und Anhänger war. Der König nahm diese Bedingungen an ⁶) und verschaffte später Burchard faktisch die Burg ⁷).

---

1) Vita cp. 6.
2) Vita cp. 6. Arnold I, 54.
3) Vita cp. 7.
4) Vita cp. 7.
5) Vita cp. 7.
6) Vita cp. 9.
7) Ohne gerade daß Otto durch Burchards Befehdung dazu gezwungen worden wäre. Schannat I, 331. Gengler 1.

8. Bauliche Verschönerung der Metropole.

Nachdem Burchard in den Besitz der **Burg Ottos** gekommen war, ließ er dieselbe noch unter den Augen desselben **niederreißen**¹). Er erbaute an der Stelle, sowie aus den Steinen und Balken derselben eine Kirche und ein Kollegiatsstift, weihte sie dem H. **Paulus** und gab ihr den Namen Freiheitskirche; zwanzig Brüder wurden daselbst stationiert²). Die Kirche scheint also um das Jahr 1006 begonnen und in zehn Jahren vollendet worden zu sein³). Die eigentliche Hauptkirche, welche Burchard in Worms vorfand, schien ihm, der darauf bedacht war, auch durch äußere Mittel die Autorität des Bistums zu befördern, zu klein. Er ließ daher die **alte Basilika** noch während des Baues von St. Paul **abbrechen**⁴) und zu einer neuen großen Kathedrale den Grund legen, welche seinen Untergebenen gewaltig imponieren sollte; und wirklich scheint sie dieselbe mit respektvollem Staunen erfüllt zu haben; dazu kam, daß der Bau mit ungewöhnlicher Schnelligkeit emporstieg⁵). Dieses Werk wurde auch noch zur Zeit des vorigen Baues begonnen. Die neue Kirche war natürlich wie die alte Basilika demselben Heiligen geweiht, nämlich Petrus. Diese Weihe aber fand statt, als Heinrich über Worms nach Burgund⁶) zog, also im Jahre 1016⁷). Als er hier die große Schöpfung seines treuen Dieners sah, wünschte er, zur Ehre desselben, wie zu seinem Genuß der feierlichen Einweihung beizuwohnen⁸). Auch seine Umgebung mochte ihn dahin beeinflussen⁹). Da aber der Bau noch nicht ganz fertig war, so

---

1) Vita cp. 9.
2) Vita cp. 9.
3) Arnold I, 56. — Erhalten kann nur Chor und Westseite sein, denn das Schiff brannte im Jahre 1261 ab. Arnold I, 56. Moller, Die Domkirche zu Limburg und die Kirche des heiligen Paulus zu Worms.
4) Vita cp. 11. Arnold I, 56.
5) Vita cp. 11. Schannat I, 62.
6) Vita cp. 14.
7) Hirsch III, 79, 4 u. III, 80.
8) Vita cp. 14.
9) Schannat I, 333.

ging Burchard erst auf wiederholte Bitten des Königs darauf ein[1]). In aller Eile wurde der Bauschutt beseitigt[2]); am folgenden Tage vollzog Erzbischof Willigis die Weihe[3]). Darauf wurde der Weiterbau zwei Jahre betrieben; jedoch noch vor Ende desselben stürzte in einer Nacht der westliche Teil, der eben erst entstanden sein konnte[4]), zusammen[5]). Das betrübte den Bischof sehr, da der Fehler im Bau die Bewunderung abkühlen mochte. Zwei weitere Jahre waren nötig, um den Schaden wieder gut zu machen[6]). Dann aber wandte sich Burchard der Dekoration des Innern und der Verschönerung der Umgebung zu[7]). Das ist der Dom, den wir auch noch heute sehen, freilich nicht in den Formen aus der Zeit Burchards, denn er ist, wie alle solche Kirchen, verschiedenen Zubauten und Umbauten ausgesetzt gewesen[8]). Auch können wir nicht mehr die aus jener Zeit herrührenden Teile bestimmen, doch bleibt Burchard das Verdienst, Plan und Grund dieses erhebenden Bauwerkes geschaffen zu haben. Neben dem Dom unterscheidet bereits SCHANNAT[9]) eine selbständige **Taufkirche**, welche bei ARNOLD[10]) den Namen St. Johannis führt, die Lebensbeschreibung Burchards weiß von einem selbständigen Gebäude nichts, und meiner Ansicht nach ist es nur eine zum Dom gehörige Taufkapelle, die mit ihm ein Ganzes bildet. Sie hatte als Taufkirche allerdings die Form eines Achtecks. Eine Kontrolle an Ort und Stelle ist nicht möglich, da sie im Anfange unseres Jahrhunderts niedergerissen ist. Außerhalb der Stadt befand sich Stift und **Kirche des H. Andreas**[11]), dies war in Verfall geraten, Burchard verlegte es in die Stadt und baute die Gebäude. Einige Jahre vor seinem Tode hatte

1) Vita cp. 14.
2) Vita cp. 14.
3) HIRSCH III, 79/0. SCHANNAT I, 331.
4) ARNOLD I, 56.
5) Vita cp. 15.
6) Vita cp. 15.
7) Vita cp. 15.
8) SCHANNAT I, 62, 63, 348, 360, II, 62/4. ARNOLD I, 56/7.
9) SCHANNAT I, 62 und 333 ff.
10) ARNOLD I, 58.
11) Vita cp. 16. SCHANNAT I, 127. ARNOLD I, 58.

er noch die **Kirche** St. **Martin** begonnen, doch verhinderte ihn der Tod an der gänzlichen Vollendung derselben¹). Vor der Stadt²) lag das **Stift des H. Cyriax**³), die Kirche desselben soll Burchard erweitert haben. In der **Abtei Maria Münster**⁴) hatte er, wie wir sahen, seine Schwester zur Äbtissin gemacht. Unter seiner Mitwirkung oder wohl eigentlich Leitung fanden daselbst verschiedene Bauten statt⁵). Nicht zu vergessen bleibt schließlich ein Privatgebäude Burchards: **die Cella**⁶). Fern vom Staub der Stadt im Walde hatte sich Burchard eine Stelle ausersehen, wo er sich ein Denkerstübchen baute. Nach wichtigen Ereignissen pflegte er dieselben hier noch einmal zu überdenken, und von hier aus ist auch sein Dekret in die Welt hinausgetreten.

Die vier wichtigsten der von Burchard gebauten Kirchen waren St. Peter, St. Paul, St. Andreas und St. Martin, diese werden die Pfarrkirchen der vier Parochien gewesen sein, in welche Burchard die Stadt eingeteilt zu haben scheint⁷).

9. Erwerbungen.

Es ist selbstverständlich, daß Burchard vom ersten Augenblicke seiner Amtsführung die Vergrößerung seines Territoriums im Auge hatte⁸), sowohl um sein Gebiet abzurunden, als vor allem möglichst viel materielle Macht in seine Hände zu bekommen, welche ihrerseits wieder für andere Ziele die nötigen Mittel gab. Die **Anzahl** der reinen Schenkungsurkunden, welche uns vorliegen, ist vierzehn; das **Objekt** ist nicht immer Land, sondern viele schenken auch Nutzungsrechte, wie Wildbann und Marktzölle; zwei schenken ganze Grafschaften, bis-

---

1) Vita cp. 20. SCHANNAT I, 136 und 328. Urk. v. 991. September 13, bei SCHANNAT II, 30. ARNOLD I, 58/9.
2) ARNOLD I, 59.
3) Vita cp. 16. SCHANNAT I, 333/4 und 109.
4) SCHANNAT I, 179. ARNOLD I, 59.
5) Vita cp. 12.
6) Vita cp. 10. SCHANNAT I, 333.
7) Urkk. v. 1016 u. 1080 bei BOOS, Urkundenbuch der Stadt Worms I, 34 u. 49. SCHANNAT II, 41, 42, 60. FALK, Forschungen XIV, 401. KOHNE 104 ff., 136 ff.
8) Siehe nebenstehende Tabelle.

Otto III an Burchard.

Wann?		Wo?	Wem?	Intervent.	Was?	Drucke			Erwähnungen		
						Schan.	Schrid	Böhmer	Stumpf		Jahrb.
1000	V 31	Tribur	Kirche des h. Peter	Bitte Burchards	Sein Famulus, der Probst von Weilburg, Huzechin, mit allem, was er besitzt	—	283	860	1230	H. I, 488.9
1000	VI 20	Chur	der Wormser Kirche	Burchgart	Sein Famulus, der Probst von Boppart, Nannechin, mit allem, was er besitzt	—	283	864	—	—
1000	VII 27	Rom	d. h. Peter zu Worms	keiner genannt	Kastell Weilburg mit Ausnahme d. sdl. Seite und des dortigen Königshofes	—	282	869	1245	I, 488.9

Heinrich II. an Burchard.

1002	VI (?) 10	Worms	Bischof Burchard v. Worms	Willigis v. Mainz, Heinrich von Würzburg, Herzog Otto	Königsbann im Walde Forehahi	34.5	297	892	1307	I, 488.9
1002	VIII 18	Duisburg	d. h. Peter zu Worms	Kunigunde, Willigis, H. v. Würzburg	Königshof Gerau (Garaha)	—	—	900	1317	I, 488.9
1002	X 9	Bruchsal	d. Kirche d. h. Peter z. Worms	Königin Kunigunde	Wormser Besitz Ottos, mit Ausnahme dreier Ministerialen	35	297	908	1328	I, 215
1002	X 31	Augsburg	Altar d. Apostelfürsten Petrus	Kunigunde, Burchards Bitte	Stadt Weilburg (Wilinebg.) im Komitat des Gerlach	—	283	909	1327	I, 488.9
1004	XII 28	Dornburg	dem Wormser Hochstift	Kunigunde	Gut zu Pipinesdorf im Moselgau	36	—	966	1398	I, 488.9
1006 (?)	III 6	Ladenburg	d. Bischof Burchard v. Worms	Bitte Burchards	Bestätigung d. bisherigen Besitzes und Schenkung einer Kirche	36.7	—	981	1448	I, 374, 1
1008	V 11	Tribur	d. Bistum Worms	Kunigunde	Lehen d. Grafen Becelin i. Lahngau	37	298	1032	1490	I, 488.9
1011	V 9	Bamberg	d. Bischof Burchard v. Worms	Kunigunde	Grafschaft Wingarteiba u. d. Leben Poppos v. Hermersheim	—	298	1088	1543	I, 488.9
1011	V 9	Bamberg	d. Bischof Burchard v. Worms	Kunigunde	Grafschaft Lobdengau	38	299	1069	1544	I, 488.9
1012	VIII 18	Nierstein	d. Bischof Burchard v. Worms u. Lorch	Bitte Burchards	Bestimmungen der Grenzen im Odenwald	—	—	1083	1559	—
1018	VI (?) 11	Worms	d. Bistum Worms	auf Bitten Bischof Burchards	Zoll und Markt zu Kobelinbach (Kollbach)	—	—	fehlt	1711	I, 488.9; III, 79

weilen sieht man, wie dieselben eine Ergänzung und Abrundung erhalten. So ergänzt die Urkunde von 1004, welche das Gut Pipinisdorf vermacht, die Schenkung Ottos von 993, welche die Abtei Weilburg betraf. Über die **räumliche Ausdehnung** der erworbenen Territorien ist es, ebenso wie über das von Burchard vorgefundene Gebiet leider sehr schwer, sich zu einer zahlenmäßigen Vorstellung zu erheben [1]). Der **materielle Wert** ist augenscheinlich in den einzelnen Urkunden ein sehr verschiedener, jedoch nicht immer so genau zu erfassen, als man es wünschen möchte. Vergleicht man Burchards Errungenschaft mit dem was andere Bischöfe seiner Zeit bekamen, so sieht man, daß er entschieden einer der reichstbeschenkten war.

IV. Die Verfassung der Diözese und das Hofrecht.

10. Bischof und Graf.

Unter Bischof Burchard wurde Worms zur „Bischofsstadt" aus der „Pfalzstadt", und unter ihm schließt die lange Reihe der Rechtserwerbungen ab, die das Bistum gemacht. Diese Erwerbungen vollzogen sich in drei Phasen. Zunächst erlangte der Bischof **die Immunität**; mochte dies schon zur Zeit der Merowinger geschehen sein, so bildet doch die Urkunde Ludwig des Frommen von 814 [2]) dafür das erste unantastbare Zeugnis. Im zweiten Stadium aber tritt der Episkopat Schritt für Schritt das **Erbe der Königspfalz** an [3]), welche, im Jahre 790 abgebrannt [4]), wieder herzustellen von den nicht mehr rheinischen Königen aufgegeben wird. Die dritte Phase schließlich

---

1) Die neueren Arbeiten Böttgers haben sich auf dieses süddeutsche Gebiet nicht mehr erstreckt. Jedoch haben bereits mehrere Abhandlungen der Heidelberger Universität aus dem vorigen Jahrhundert auf diese Frage ihre Aufmerksamkeit gerichtet. Lamei, Descriptio pagi Lobodunensis I, 215. Lamei, Descriptio pagi Wormatiensis I, 243. Lamei, Descriptio pagi Novensis V, 127. Croll, Observationes geographicae ad illustrandum omnem tractum Mossellensem speculantes V, 187, und andere.
2) Urk. v. 814, 13. Sept. bei Schannat II, 2/3.
3) Arnold I, 18 und 26.
4) Einhard, Annales sive Chronicon a. a. 790. Arnold I, 19.

wird bezeichnet durch die **Erwerbung der Jurisdiktion über die Altfreien im Besitzgebiete des Bischofs**. Ganz naturgemäß mußte die Entwickelung bischöflicher Gerichtsbarkeit auch diese Elemente in ihr Bereich zu ziehen streben. Einmal lag in der Immunität, außer der Befreiung der bischöflichen Unfreien von der weltlichen Gerichtsbarkeit und der Unterordnung derselben unter die bischöfliche Jurisdiktion [1]), noch die Vertretung bischöflicher Freier vor dem weltlichen Gericht. Dieses Moment führte eine Zwiespältigkeit in der Gerichtsbarkeit [2]) herbei, welche oft Anlaß zu Konflikten geben mußte, die dem schwächeren Teil besonders unangenehm sein mochten. Andererseits hätte der Bischof, selbst bei absoluter Verträglichkeit mit dem Grafen, nach dieser Gerichtsbarkeit streben müssen, weil er durch sie allein erst wahrer Herr in seinem Gebiete wurde. So haben denn die Bischöfe mit allem Eifer danach getrachtet und sie errungen; weitaus das Meiste aber hat Burchard erreicht, so viel, daß dem gegenüber die ganze bisherige rechtliche Erwerbungsreihe fast verschwindet.

Im Jahre 997 gab Otto II. der Wormser Kirche das erste Privileg [3]), welches ihr die **Jurisdiktion über die Freien** zusicherte und zwar sowohl für die Freien in der Stadt als auch im Suburbium [4]). Dies war aber durchaus eine Errungenschaft, die bloß auf dem Papier stand, denn, wie schon bekannt, blieb der Graf bis zu Burchards Zeit in Worms. Der Bischof setzte zwar den Vogt ein; zum Vogte wurde aber thatsächlich immer wie früher einer aus den alten Grafengeschlechtern gewählt. Thatsächlich besaß also der Bischof die Gerichtsbarkeit noch nicht, sondern nach wie vor der Graf. Aber auch diese

---

1) ARNOLD I, 12.
2) ARNOLD I, 27.
3)

Zeit		Ort	SCHEID IV	SCHAN. II	BOOS I	BÖHMER	STUMPF	ARNOLD I
979	[VIII 11]	Magdeburg	296	—	27	548	745	30
985	IV 29	Duisburg	296	26	28	633	883	42
1002	X 3	Bruchsal	297	35	30	908	1326	44
1014	VII 29	Mörsfeld	—	40 l	32	1127	1631	47

4) ARNOLD I, 33.

aufgezwungene Grafenbelehnung wurde noch dadurch beschränkt, daß der König in jener Zeit noch einen zu entschiedenen Einfluß auf das Episkopat ausübte, als daß wenigstens die Person des zu belehnenden Grafen frei vom Bischof hätte gewählt werden können. Eine Bestätigung des Privilegs von 979, welche 985 von Otto II. gegeben wurde [1]), fruchtete nichts. Anders wurden die Verhältnisse erst mit Burchard. Zuerst mußte der Graf aus der Stadt hinaus. Wir haben es bereits berührt, wie Burchard diese hochwichtige Errungenschaft erreichte. Es ist begreiflich genug, daß er, nachdem die Wahl Heinrichs II. gelungen, den König dringlich an sein Versprechen erinnerte [2]); dieser aber löste sein Wort nach wenigen Monaten [3]). Am 3. Oktober 1002 verzichtete Otto auf die Grafschaft und seine Güter in Worms zu Gunsten des Königs [4]), welcher ihm dafür Besitzungen in Bruchsal gab; dann aber schenkte Heinrich dem treuen Diener das einstige salische Stammschloß. — Noch immer war nicht alles erreicht, was das Privileg von 979 garantierte, denn **noch hatte der Bischof nicht die Jurisdiktion über seine Freien außerhalb der Stadt**[5]).

Diesem Schritt ist nach zwölf Jahren ein zweiter gefolgt, welcher im Umfang viel weiter ausholte und diese ganze Entwickelungsreihe abschloß, aber er wäre ohne den vorigen nicht möglich gewesen. Die Streitigkeiten, welche sich innerhalb der Stadt abgespielt hatten, setzten sich nach des Herzogs Vertreibung außerhalb der Mauern fort, insbesondere beschwerte sich der Bischof darüber, dass bei kleineren Vergehen, Diebstahl, Schlägereien u. s. w., welche unter seinen Leuten vorkamen, der Graf sich immer sechzig Solidi, also den schweren Bann, erlegen ließ. Da gab Heinrich die Urkunde vom 29. Juli 1014, welche zunächst das faktisch erringen half, was in der Urkunde von 979 rechtlich anerkannt, aber thatsächlich noch nicht errungen

---

1) Arnold I, 42.
2) Vita cp. 9.
3) Vita cp. 9.
4) Wiegand, Die Wormser Bischöfe und Erzbischöfe. Barthold, Geschichte der deutschen Städte und des deutschen Bürgertums I, 17.
5) Gengler 1. Gfrörer IV, 1, 98/9.

war. Zweitens aber enthält die Urkunde Heinrichs II., wie ARNOLD richtig hervorgehoben hat¹), noch etwas Neues. Sämtliche einschlägige Urkunden hatten sich nämlich bis jetzt immer nur auf die kleine Gerichtsbarkeit bezogen, die große Gerichtsbarkeit, besonders der Blutbann, lag unangefochten in der Hand des Grafen. Diese Urkunde nun gab mit einem Schlage erstens: **faktisch die Jurisdiktion über kleine Vergehen bischöflicher Freier im außerstädtischen Besitzgebiet**, und zweitens: **rechtlich und faktisch die Jurisdiktion über große Vergehen bischöflicher Freier in der Stadt wie im sonstigen bischöflichen Territorium**.

Es war ein gewaltiger Fortschritt, den Burchard gethan hatte, der gesamte Klerus²), nicht allein der seiner Diözese³), empfand ihn mit hoher Befriedigung, und auch er selbst war sich seiner voll bewußt⁴).

11. Entstehung des Hofrechtes.

Die Thätigkeit Burchards für seine Bischofsstadt spiegelt sich wider in seiner Dienstordnung. Die Originalhandschrift derselben⁵) ist uns zwar nicht erhalten⁶), aber es ist sehr wahrscheinlich, daß No. 2, die Abschrift, welche Her-

---

1) ARNOLD I, 47. HIRSCH I, 488/9.
2) HIRSCH I, 487. THIETMAR V, am Ende.
3) Vita cp. 9.
4) Stiftungsurk. v. 1006. HIRSCH I, 487. NITZSCH, Ministerialität und Bürgertum im XI. u. XII. Jahrhundert 128.
5) Handschriften. BOOS 45.
   No. 1. Verlorene Original-Handschrift.
   „ 2. Chartularium Wormatiense saeculi XII, fol. 25—39. Königl. Bibliothek Hannover.
   „ 3. Chartularium Wormatiense saeculi XV, fol. 10—12. Staatsarchiv Darmstadt.
   „ 4. Vidimationsbuch von 1616, fol. 46—56. Staatsarchiv Darmstadt.
   „ 5. Verlorene Vorlage SCHANNATS „ex archiv. Eccl. Cathed. Worm."
   „ 6. Druck SCHANNATS II, 43/9.
6) GENGLER 2.

mann[1]) der Domscholaster in Worms in sein Chartularium Wormatiense[2]) ums Jahr 1116 aufnahm, eine direkte Kopie von 1. ist. No. 3 besitzt nur geringen textkritischen Wert, und der Schreiber von 4. „verstand seine Vorlage nicht immer"[3]). No. 5, diese verlorene Vorlage SCHANNATS, ist wahrscheinlich keine der 2—4 genannten[4]), diejenige LÜNIGS dagegen vielleicht No. 3[5]). Aus Nr. 2 hat J. F. BÖHMER[6]) wesentliche Verbesserungen zum bisherigen Text entnommen[7]), während J. GRIMM einige anerkannte Konjekturen angebracht hat. GENGLER hat keine Handschriften herausgezogen, sondern seinen Text wesentlich auf LÜNIGS und BÖHMERS Verbesserungen gestützt[8]). Die neueste Veröffentlichung ist die von Boos im Urkundenbuch der Stadt Worms[9]). — In den Handschriften werden uns vier lateinische Titel überliefert[10]). Davon hat sich derjenige aus No. 6, welcher den anderen mindestens gleichwertig

---

1) GENGLER 4.
2) ARNOLD XIII.
3) Boos 45.
4) GENGLER 2. Boos 45. KÖHNE 390/1.
5) Boos 45.
6) Archiv für hessische Geschichte II, 148 ff.
7) Boos 45.
8) KÖHNE 391.
9) Drucke:

QUESTENBURGH	LÜNIG	SCHANNAT	WALTER	J. GRIMM	GENGLER	Boos
B.' Decr.	Contin. II	H. E. W.	Corp. Jur. German.	Weistümer	Hofrecht	Urk.-Buch
XXXIII ff. Cöln 1648	1013 ff. Leipzig 1721	II, 43 ff. Frankfurt 1734	III, 125/7 Berlin 1824	I, 804 ff. Göttingen 1840	5 ff. Erlangen 1859	I, 39 ff. Berlin 1886

10) Titel:
No. 1. hat wohl keinen gehabt: KÖHNE 390, 5. Im Gesetz selbst findet sich auch keiner, KÖHNE 387.
„ 2. Lex familie Wormatiensis ecclesie. Boos 40.
„ 3. Lex data a Burkardo episcopo Wormatiae. KÖHNE 390 (2).
„ 4. Lex familiae data a Burghardo episcopo Wormatiensi. KÖHNE 390 (2).
„ 5. Wohl den unter 6 genannten. KÖHNE 390/1.
„ 6. Burchardi episcopi leges et statuta familiae S. Petri praescripta.

ist¹), in der modernen Litteratur eingebürgert²). Der deutsche Titel des Werkes „das Hofrecht" ist zwar der im allgemeinen gebräuchliche, aber rein modern und bezeichnet den Inhalt falsch³). So würde allerdings ein mehr zutreffender Titel für die Zukunft wünschenswert sein⁴). — Wir sind auch bei diesem Werke Burchards in der Lage, die Momente aufzugreifen, welche **ursprünglich** ihn zu demselben **anregen** mochten. In der geschilderten Zwiespältigkeit der Wormser Gerichtspflege kamen, wie schon öfters beobachtet⁵), die beiden praecepta Heinrichs II. vom 2. Dez. 1023 und 9. März 1024 hinzu, welche die fortwährenden Streitigkeiten zwischen Worms mit Lorsch und Fulda mit Hersfeld aufzuheben suchten⁶), welch erstere Burchard in seinem Hofrecht mit fast gleichen Worten wie die Urkunde beklagt. Aus ihr fließt auch die Berechtigung, die **Entstehungszeit** des Hofrechts zwischen den 2. Dezember 1023 und 20. August 1025, den Todestag Burchards, zu legen⁷). Zuversichtlich ist es jedoch im Jahre 1024 entstanden. Denn einerseits begann Burchard längere Zeit vor seinem Tode stark zu kränkeln, andererseits werden die Vorarbeiten zu der Aufzeichnung mehr als den Rest des Jahres 1023 beansprucht haben. Im Prolog sagt uns Burchard selbst, daß er den clerus, die milites und die gesamten Grundholden zu **Mitarbeitern** gehabt habe⁸), was wohl so zu denken ist, dass ihm ihre Rechts-

---

1) Köhne 390/1, dagg. Boos 40.
2) Köhne 391.
3) cf. 39, 8.
4) Köhne 391/2. „Gesetz Burchards" ist insofern unvollkommen, als außerhalb des Zusammenhanges eine Verwechslung mit dem Dekret Burchards nicht ausgeschlossen ist.
5) Gengler 7. Giesedrecht II, 72. Hirsch III, 293. Köhne 33, 391.
6) Daß sie in des Königs Bestrebungskreis fielen, folgt schon hieraus, daß sie aber, um zur Geltung zu gelangen, einer offiziellen Sanktionierung bedurft hätten, scheint mir nicht ohne weiteres einleuchtend. Giesebrecht II, 72.
7) Schannat I, 334: Ann. 1024. Schannat II, 43: circa Ann. 1024. Boos I, 39: [1024]. Gengler 2. Köhne 392/4.
8) Leges et statuta familiae sancti Petri („H. R."). Prolog: cum consilio cleri et militum et totius familiae has jussi scribere leges.

kenntnisse in Weistümerform überliefert wurden. Diese gesammelten Volksgebräuche[1]) gaben dann die wichtigste Quelle für Burchard ab. Außerdem hat man gewiß mit Recht Heinrichs Edikt von 1023 als solche angeführt[2]), und dürfen drittens eigene Zuthaten von Burchard angenommen werden[3]), denn zuversichtlich hat er Rechtssätze, die mit seiner Auffassung unvereinbar waren, gestrichen und durch andere kirchenrechtlich gefärbte Bestimmungen ersetzt. Burchards Rechtsbuch ist die **erste schriftliche Aufzeichnung** hofrechtlicher Bestimmungen und zwar, wenn man die Hofrechte in gemeine und edele, letztere in Lehns- und Dienstmannenrechte, einteilen will, das erste gemeine oder bäuerliche Hofrecht; aber es greift gelegentlich darüber hinaus und giebt auch die frühesten Bestimmungen stadtrechtlicher Natur[4]). So sehen wir Burchard von Worms auch hier an der Spitze von Entwickelungen stehen. Diese Bedeutung steigt dadurch, daß das 11. Jahrhundert an Rechtsquellen bekanntlich sehr arm ist[5]), und ein wesentliches Interesse liegt für uns darin, daß das Rechtsbuch eines der allerwichtigsten organischen Bindeglieder zwischen den Rechtsanschauungen der alten Volksrechte und denen der späteren Rechtsbücher bildet[6]), wir hier imstande sind, größerer Stücke des lebendigen Rechtes der Zeit habhaft zu werden und das Wachstum des Rechtes heraus aus den alten leges zu beobachten.

Der Inhalt des Hofrechts interessiert uns an diesem Orte insofern, als das Hofrecht Burchards Werk ist; zweitens insofern, als es uns einen wesentlichen Teil des Hintergrundes, die rechtliche Lage des Hofverbandes, kennen lehrt, auf welchem sich die Persönlichkeit Burchards abhebt, und drittens insofern dieser selbst größtenteils Burchards persönliche Leistung bildet, dagegen kann es an dieser Stelle nicht unsere Aufgabe sein, seiner

---

1) GENGLER 2.
2) GENGLER 2. KÖNNE 392/3.
3) GENGLER 2.
4) GENGLER 3. GIESEBRECHT II, 72.
5) GENGLER 3.
6) GENGLER 3.

allgemeinen rechtshistorischen Bedeutung ins Detail nachzugehen. Wir werden insbesondere von jeder Vergleichung hier abzusehen haben und uns nur an den im Hofrecht gegebenen Thatbestand halten.

12. Objekte der Verordnungen.

Hat man das Hofrecht Burchards zum erstenmal durchgelesen und rekapituliert den Inhalt, so verwundert man sich, wie in zweiunddreißig kleinen Kapiteln eine so große Fülle verschiedenartiger Bestimmungen enthalten sein kann. Bemerkt man auch bei näherem Hinsehen, wie vieles zwischen den Zeilen liegt[1]), und wie sehr auch nur die dringenden Fragen des praktischen Lebens berücksichtigt und die meisten ferner liegenden Fragen unberücksichtigt gelassen sind, so bleibt doch bestehen, daß die Verordnungen eine ungemeine Mannigfaltigkeit der Objekte haben. Sucht man sich über dieselbe Rechenschaft zu geben[2]), so findet man bald, daß sie durch drei durchschlagende Gesichtspunkte herbeigeführt wird, welche sich wechselseitig kreuzen und verbinden. Die Statute berücksichtigen nämlich erstens: verschiedene Bevölkerungsklassen, zweitens: verschiedene Rechtsgebiete, und drittens: die Ausübung des Rechts. Jede dieser Beziehungen der Verordnungen, dieser Klassen derselben, tritt nun in erheblicher Mannigfaltigkeit auf, welche einigermaßen weiter zu verfolgen lohnen wird, ehe wir zu dem Inhalt der einzelnen Verordnungen übergehen.

Die Bewohner im damaligen Worms zerfallen in drei Hauptklassen: die Altfreien in der Stadt, welche, wie wir gesehen, nunmehr auch unter der Gerichtsbarkeit des Bischofs standen, jedoch nicht das Recht hatten, welches unsere Sammlung aufzeichnete. Zweitens: die dem Bischof untergebenen Unfreien, die familia St. Petri[3]), und drittens: die einem Freien oder Unfreien persönlich Leibeigenen[4]). Die Familie nun, mit welcher sich ausschließlich das Hofrecht direkt beschäftigt, zer-

---
1) GENGLER 9, 9, 12, 14, 15, 20, 25 ff., 27, 28, 31, 41, 41.
2) GENGLER 2 u. 3. Ein geringer Anlauf dazu.
3) ARNOLD I, 66.
4) ARNOLD I, 76.

fiel in zwei Klassen: die Hörigen oder **dagewuarden** und die **fiscalinen**. Eine dritte Klasse, die **ministerialen**, anzunehmen, wie ARNOLD thut, ist unzutreffend; er begreift darunter die Beamten, ministri, und die Mannen, milites [1]). Jene sind eben Beamte und nicht Bevölkerungsklassen; diese gehören, wie z. B. schon der Prolog sagt, nicht zur familia, sie standen außerhalb des Hofverbandes [2]) und an Rang zwischen den Familiengenossen und den Stadtfreien. Diese letzteren aber heißen cives und sind [3]) nicht mit den concives zu verwechseln [4]). Außer dieser ständischen Einteilung der Bevölkerungselemente findet sich eine zweite in societates vor. Ich erkläre den Ausdruck nach der Deutung GENGLERS und sehe darin eine lokale Einteilung der Bevölkerungselemente in örtlich zusammenhängende Märkervereine [5]), die Deutungen EICHHORNS [6]) als Gesamtbürgerschaft, WALTERS [7]) als Gegenstück der westfälischen „Echten" und ARNOLDS [8]) als innungsartige Körperschaften halte ich mit GENGLER für verfehlt; bekannt sind uns von solchen societates in Worms zwei: die societas parafridorum [9]) und die urbani qui Heimgereiden vocantur [10]).

Was nun die Rechtsgebiete anbetrifft, so haben wir schon erwähnt, daß man das Rechtsbuch ebensowohl das älteste Stadtrecht als das älteste Hofrecht nennen kann. Abgesehen davon finden

---

1) ARNOLD I, 86.
2) GENGLER 6.
3) ARNOLD I, 68/9. GENGLER 6. NITZSCH 231. WAITZ = Deutsche Verfassungsgeschichte V, 211, 4. KÖHNE 31.
4) Jedoch möchte ich zu bedenken geben, ob diese letzteren, wie GENGLER will, eine Spezialität der fiscalinen seien, nämlich solche, welche eine hereditalis area in civitate haben, oder ob dieselben nur eine andere Bezeichnung für alle fiscalinen oder auch für alle Dominikats-Angehörigen sind. Warum hätten die dagewuarden nicht auch eine hereditalis area bekommen können, die doch nach cp. XXI sogar vollfreies Eigentum erwerben durften?
5) GENGLER 6 u. 7. KÖHNE 78 ff., 104 ff., 136 ff.
6) EICHHORN, Zeitschrift für geschichtliche Rechtswissenschaft I, 213.
7) WALTER, Deutsche Rechtsgeschichte 57.
8) ARNOLD I, 67.
9) Urk. v. 897 bei SCHANNAT II, 14. GENGLER 7 und 32.
10) Bau-Urk. GENGLER 7.

sich aber noch andere Rechtsgebiete berücksichtigt. Erstens das **Besitzrecht**, zweitens: das **Eherecht** und am ausgiebigsten drittens: das **Strafrecht**. Im Besitzrecht, bei welchem am meisten die Erbfragen bedacht sind, spielen folgende gegensätzliche Begriffe die Hauptrolle: **Besitz und Lehen, Erbbesitz und Errungenschaft**[1]**), praedium und Fahrnis, Leibgeding und Eingebrachtes**. Mit dem praedium immer verbunden erscheinen die mancipia, welche das Ackerland bewirtschaften. Was die wenigen Sätze des Eherechtes angeht, so schlagen diese teils in das **eheliche Güterrecht** ein, und damit in das Gebiet des Besitzrechtes, andererseits, wie der im cp. 23 behandelte **Frauenraub**, in das Strafrecht; im übrigen wird die **legitime Ehe** zweimal erwähnt, ohne nähere Angabe, unter welchen Bedingungen sie statthabe. Das Strafrecht schließlich behandelt folgende Vergehen: **falsche Anklage, falsches Zeugnis und Meineid, Störung des Dingfriedens, Diebstahl, Körperverletzung, Totschlag,** sowie **derartige Versuchsakte, Verrat am Hofherrn**. Ferner wird im cp. 13 von schwereren und leichteren **Vergehen im allgemeinen** gesprochen und zu den leichteren im cp. 12 **leichtere agrarische Vergehen** gerechnet; cp. 28 spricht im allgemeinen von der **Teilnahme am Verbrechen**.

Schließlich kann man die Rechtsbestimmungen noch hinsichtlich ihrer Verordnungen für die Gerichtsbarkeit betrachten; ohne weiteres beziehen sie sich innerhalb dieses Gesichtspunktes auf die die Gerichtsbarkeit ausübenden **Personen** und die im Rechtsverfahren vorkommenden **Akte**. Von den Beamten bietet uns der Prolog gleich die drei wichtigsten: den **advocatus**, den **vicedominus** und den **minister loci**. Im Laufe des Rechtsbuches finden sich dann wiederholentlich die **scabini** erwähnt; außerdem ist hier der **Bischof** nicht zu vergessen, welcher persönlich die kapitale Gerichtsbarkeit ausübt. Der Verlauf der Rechtsakte ist durchaus nicht immer positiv normiert, öfters nur negativ, und sehr oft sind sie nur erwähnt. Alles in allem sind es folgende: zu-

---
1) GENGLER 11.

nächst solche besitzrechtlicher Natur: **Schenkung, Verkauf, Tausch, Vererbung, Absprechung des Lebens, Belehnung und Kauf.** Wie die eherechtlichen **Akte** vorzunehmen seien, wird nirgends gesagt; dagegen finden sich genauere Angaben über den **Prozeß**, insbesondere das Beweisverfahren, sowie über gebotene und ungebotene **Dinge.**

13. Der rechtliche Inhalt.

Leibgeding: Der Ehemann verschreibt seiner legitimen Gattin den Nießbrauch seiner Liegenschaften nach seinem Tode. Es bedarf zu dieser Festsetzung der Einwilligung der Besitzerben des Mannes. Unterbleibt diese, so kann der Akt nach Jahr und Tag von denselben für unrechtmäßig erklärt werden. Nach dem Tode hat die Gattin den Nießnutz bis zu ihrem Abscheiden. Hinterläßt sie Söhne, so erben diese das Leibgeding als Besitz; bleibt sie ohne Söhne, so geht es in den Besitz der nächsten Erben des verstorbenen Mannes zurück. Starb die Frau vor dem Manne, so wird damit der ganze Rechtsakt aufgehoben. Heiratet die Witwe, so genoß sie das Leibgeding bis zum Tode fort [1]. — **Eingebrachtes**: Starb die Gattin vor dem Manne, so blieb das Eingebrachte in der Nutznießung des Mannes bis zu seinem Tode. Hinterließ die Frau Kinder, so erbten diese das Eingebrachte. Starb die Frau, ohne je Enkel zu haben, so fiel das Eingebrachte von den Kindern an die Sippe der Frau zurück. Das geschah natürlich auch, wenn die Frau bei ihrem Tode weder Mann noch Kinder hatte [2]. — **Besitz**: Nach cp. 1 besitzt die Frau das Leibgeding. Das Eingebrachte geht nach dem Tode der beiden Gatten in den Besitz der Kinder über. Ein ebenso selbstverständlicher Satz ist cp. 4: Der vom Leibgedingsrechte freie Nachlaß geht in den Besitz der nächsten Erben über. Nach cp. 7 konnten bestimmte Verbrecher persönliche Freiheit und sämtlichen Besitz an den Bischof verlieren; und beim Tode jemandes, der eine fremde Gattin genommen hatte, gingen zwei

---

1) H. R. cp. 1.
2) H. R. cp. 1.

Drittel seiner Besitzgüter an den Bischof verloren [1]). Nach cp. 26 „besitzt" man auch die hereditalis area [2]). — Lehen: Der Familiengenosse erhält vom Bischof durch den loci minister ein Ackerland zum erblichen Lehen, wofür er ihm Abgaben und Dienste zu leisten hat [3]). Dieses Lehen kann der Belehnte verlieren, wenn er sich ein Vergehen zu Schulden kommen ließ oder den Zins in drei Jahren nicht bezahlt [4]). Der nächste Erbberechtigte kann dann den mansus erhalten, wenn er die versäumte Abgabe nachzahlt, wenn nicht, wird das Grundstück anderweitig vergeben. War der Erbe zur Zeit der Absprache abwesend und will später nachzahlen und erben, so kann dies nur geschehen, wenn er seine Abwesenheit als notwendig erweist. Für den Unmündigen darf ein Blutsfreund bis zur Mündigkeit den mansus verwalten und nutznießen [5]). Übrigens erbt, wenn ein Sohn unter den Kindern da ist, der Sohn, wenn aber nur Töchter da waren, mag wohl auch eine solche succediert sein [6]). Im cp. 14 wird der Fall, daß jemand durch Heirat zugleich in eine zweite Lehensherrschaft eintritt, dahin normiert, daß dies keine Veränderungen seiner bisherigen Verpflichtungen nach sich ziehe. — Erbe: Es wird im Rechtsbuche ein starker Unterschied gemacht, ob ein Gut, insbesondere ein Grundstück, ererbt oder erst erworben ist. Ein ererbtes Grundstück ist außer in ehehafter Not unveräußerlich, und die nächsten Erben haben das Vorkaufsrecht [7]). — Errungenschaft: Die Errungenschaft gehört nach dem Tode des einen Gatten völlig dem anderen, und er kann damit machen, was er will [8]). Das

---

1) H. R. cp. 15.
2) Da diese jedoch Lehen war, ist possidere nicht im gewöhnlichen Sinne genommen. Auch vorher fanden wir den Begriff nicht nur in der Bedeutung „etwas im Besitz haben", „im Besitz von etwas sein", sondern auch in der Bedeutung „etwas in den Besitz nehmen", „in den Besitz von etwas kommen". Der Begriff des Besitzes ist überhaupt der am wenigsten logisch entwickelte im Hofrecht.
3) H. R. cp. 1.
4) H. R. cp. 26.
5) H. R. cp. 1.
6) H. R. cp. 10.
7) H. R. cp. 2.
8) H. R. cp. 1.

errungene Geld fällt, wie schon bemerkt, der Tochter zu ¹). — **Praedium**: Die positive Norm vom Verkauf des Erbgrundstückes wurde oben angeführt. Sollte jemand ohne ehehafte Not die Veräußerung beabsichtigen, so müssen die Erben Einsprache erheben. Ist der Erbe beim Verkauf anwesend und wendet nichts ein, oder ist er abwesend und erhebt binnen Jahresfrist keine Verwahrung, so geht er seiner Rechte verlustig ²). Eine Vergabung des praedium darf nur im Besitze voller Körperkraft geschehen. Vom Siechenbett aus ist sie unzulässig ³). Praedium und mancipia dürfen selbst vom Hörigen erworben werden. Dieselben dürfen aber unter keinen Umständen außer der Familie verkauft werden, sondern es ist nur ein Tausch zulässig ⁴). — **Fahrnis**: Daraus, daß an letzter Stelle die Fahrnis nicht erwähnt ist, darf man wohl den Schluß ziehen, daß ihre Vergabung keiner Beschränkung unterlegen hat. Hat man im cp. 2 und cp. 6 unter hereditas die Fahrnis zu verstehen, so würde ihr Verkauf demselben Rechtssatz unterliegen wie das praedium. Soweit an der Fahrnis nicht Leibgedingsrechte haften, sollen dieselbe die nächsten Erben besitzen ⁵). Nach cp. 10 soll der Sohn die Hofstätte erben und alles, was damit zusammenhängt; die Tochter aber die Kleider der Mutter und das erworbene Geld, den Rest sollen sie teilen.

Die **legitime Ehe** findet statt zwischen gleichständigen Genossen des Hofverbandes. Bei Ehen zwischen fiscalinen und dagewuarden folgen die Kinder der schlechteren Hand ⁶). Der **Frauenräuber** hat jedes Kleidungsstück, mit welchem die Frau im Augenblick des Raubes angethan war, Stück für Stück dreimal zu erlegen, 60 Solidi an den Bischofsbann sowie demselben so viele Bannbußen, als die Stückzahl der Kleidungsstücke betrug, zu zahlen, und drittens ihrer Sippe zwölf Schilde, zwölf Lanzen und ein Pfund Denare zu geben ⁷).

Die Strafe aber, die den **Meineidigen** traf, war die Ver-

---

1) H. R. cp. 10.
2) H. R. cp. 2.
3) H. R. cp. 11.
4) H. R. cp. 21.
5) H. R. cp. 4.
6) H. R. cp. 16.
7) H. R. cp. 23.

wirkung des angeborenen Rechts, die Rechtslosigkeit. Sie bestand im Verluste der Schwurfähigkeit, wenigstens sagt das Hofrecht nicht mehr¹). Das falsche Zeugnis steht dem Meineid gleich²); die falsche Anklage, welche dadurch erwiesen ist, daß der Ankläger im Zweikampf besiegt wird, kostet innerhalb der Stadt sechzig Solidi, außerhalb ein Vogtsgewedde von zwanzig Solidi, den Bischofsbann von sechzig Solidi und die dreifache Frevelbuße an den Gegner³). Der **Diebstahl**, wenn er aus Not geschieht, oder wenn er ein kleiner Diebstahl ist, d. h. wenn sein Objekt den Wert von fünf Solidi nicht übersteigt, wird nicht bestraft. Stahl dagegen der Dieb erwerbsmäßig und bekannte er seine Schuld dadurch, daß er sich mit dem Bestohlenen öffentlich beglich, so erleidet er die Rechtslosigkeit⁴), wie der Meineidige und falsche Zeuge. Alle drei Verbrecher müssen aber doch noch positive Strafen erduldet haben, und zwar sind dieselben, wenn man von den kirchlichen Strafen absieht, gewiß in cp. 7 und cp. 13 zu suchen, welche vom Verbrechen im allgemeinen handeln und verordnen: wenn jemand infolge eines Verbrechens, nach dem Urteile seiner Genossen, die ventio in manus episcopi erduldet, so soll er persönliche Freiheit und Besitz verlieren; und wenn ein fiscaline aus der Familie und derselben Genossenschaft irgend ein **großes oder kleines Verbrechen** begeht, soll er, wie der dagewuarde, fünf Solidi Bischofsbann büßen und fünf Solidi Buße dem Geschädigten zahlen; wenn er von anderer Genossenschaft ist, beträgt es bloß eine Unze⁵). Bei **leichteren Privatstörungen** — wenn jemand auf dem Acker oder im Weinberg oder an jenen „leviores res" sich vergeht — soll der Ortsrichter den Fall entscheiden⁶). Ebenso wie der Diebstahl, der Meineid und die falsche Anklage, wird der **Verrat am Hofherrn** behandelt⁷). **Körperverletzung**: Der trockene Schlag, der zu Boden wirft, kostet sechzig Solidi

---

1) H. R. cp. 32.
2) H. R. cp. 32.
3) H. R. cp. 20 u. 31.
4) H. R. cp. 32.
5) H. R. cp. 13.
6) H. R. cp. 12.
7) H. R. cp. 32.

Bischofsbann, der Schlag mit Blutrunst, ohne zu Boden zu strecken, fünf Solidi [1]). Der Totschlag insbesondere in der Trunkenheit oder aus Mutwillen, ohne Notwehr, kostet mindestens, schon wenn er kasuell war, das Wehrgeld; war er kulpos, die Geißelung, Scheerung und Brandmarkung. Geschah der Totschlag aus Notwehr, so kann jede Strafe ausbleiben. Notwehr leidet einer beim Angriff auf sein Leben und Angriff auf sein Eigentum. Bei der Flucht des Schuldigen fällt das ganze Vermögen an den Fiskus [2]). Versuchsakte der Art kosten sechzig Solidi [3]). Die Ahndung der Dingfriedenstörung wird dem Urteil der Schöffen anheimgestellt [4]). Teilnahme an einem Verbrechen kostet dem Verbrecher die volle Sühnbuße des Vergehens, hat dagegen für den Verleitenden keine Erhöhung zur Folge [5]).

Versuchen wir nun diese wichtigen einzelnen Verordnungen auf ihre wichtigsten Gesichtspunkte zurückzuführen. Erstens beziehen sie sich wesentlich auf besitzrechtliche und strafrechtliche Fragen. Auf dem ersten Gebiete sind am meisten betont das praedium, die feste Ackerscholle und der Erbbesitz; diese beiden Begriffe sind charakteristisch für die Gesetzgebung; sie ist eine noch gewissermaßen patriarchalische. Nicht der leichte bewegliche Besitz, sondern der Grund und Boden ist das Bevorzugte. Und dieser Besitz bekommt erst rechten Wert, wenn er sich im steten Erbgang durch eine längere Ahnenreihe befunden hat. In bezeichnendem Zusammenhange mit dieser Anschauung steht die Betonung der Sippe [6]). Auf strafrechtlichem

---

1) H. R. cp. 27.
2) H. R. cp. 30.
3) H. R. cp. 28.
4) H. R. cp. 17.
5) H. R. cp. 8.
6) Das Leibgeding geht nach dem Tode der Frau an die Sippe über; wenn diese weder Gatten noch Kinder hinterläßt, kommt das Eingebrachte an die Sippe (H. R. cp. 1). Muß im Notfall das Erbgut veräußert werden, so haben die Nächstgesippten ein Vorkaufsrecht. Den unmündigen Hoferben vertritt, damit das Hofgut ihm nicht verloren gehe, ein Freund der Sippe (H. R. cp. 2), den freien Nachlaß erben die Nächstgesippten (H. R. cp. 4). Die Veräußerung eines Grundstückes bedarf der Zustimmung der erbberechtigten Blutsfreunde (H. R. cp. 6). Die

Gebiet sind es besonders zwei Momente, die sich durch das Hofrecht hindurchziehen. Am meisten verpönt unter allen Verbrechen ist die Körperverletzung im weitesten Sinne und der Meineid. Liegt zu ihrer Hervorhebung sicher der Grund hauptsächlich in dem häufigen Vorkommen derselben [1]), so muß man doch für die immer wiederkehrende Verwerfung des Meineides eine persönliche Abneigung des Bischofs zur Erklärung hinzuziehen. Um dem Meineid vorzubeugen, wird versucht, den Eid völlig aus dem Beweisverfahren zu verdrängen, und oftmals sollen ihn bedenkliche Zweikämpfe, Kesselproben und andere Ordale ersetzen. Nur bei dem anderen verhaßten Vergehen, dem Totschlag, ist der Eid gestattet. Man sieht, wie auf diesem Gebiete eine menschlich-sittliche oder kirchlich-christliche Anschauungsweise mitgewirkt hat. So gehört es hierher, daß der Diebstahl aus Not ganz straffrei ist u. s. w. Vor allem aber zeigt es sich im Charakter der Strafen: die leiblichen Strafen werden nur im äußersten Notfalle angewandt. Immerhin selten ist auch die persönliche Strafe der ventio in manus episcopi [2]).

Blutsfreundschaft des getöteten fiscalinen erhält ein Drittel des Wehrgeldes (H. R. cp. 9), dem Wartrecht der Blutsfreunde darf nicht durch letztwillige Zuwendung Kränkung geschehen (H. R. cp. 11). Es wird hervorzuheben für nötig gefunden, daß ein von einem Hörigen erworbenes vollfreies Gut ohne Beschränkung der Sippe veräußerbar sei (H. R. cp. 21). Sieben Zeugen aus der Sippe fungieren bei Statusklagen (H. R. cp. 22). Beim Frauenraube bildet es einen Teil der Strafe, daß die Sippe zwölf Schilde, Speere und ein Pfund Pfennige erhält (H. R. cp. 23). Die Sippe übernimmt die Blutrache, einer aus ihr klagt den Mörder an und kämpft mit ihm das Ordal, der muß der Sippe das Wehrgeld zahlen, selbst wenn die Tötung unbeabsichtigt war (H. R. cp. 30).

1) Nitzsch 131/2.
2) Man weiß nicht recht, was man sich darunter vorstellen soll. Aber da die Strafe sicher eine persönliche ist und eine Haftstrafe ferner, wenn man cp. 32 hinzunimmt, den Verlust der bürgerlichen Rechte mit sich zieht, so glaube ich, daß sie vielleicht unseren lebenslänglichen Gefängnis- resp. Zuchthausstrafen verwandt ist. Weitaus die häufigsten Strafen sind, der Auffassung entsprechend, Geldstrafen in verschiedenen Höhensätzen.

14. Die Rechtsakte.

Verschenkung von Erbgeding von seiten des Mannes darf nur vollzogen werden mit Zustimmung der Frau und im Beisein von glaubwürdigen Zeugen [1]). Da die Verschenkung des Erbgutes an Ungesippte nur im Zustand voller Gesundheit geschehen darf, testamentarische letztwillige Verfügungen der Art vom Totenbette ausgeschlossen sind, so ist der Besitz voller Körperkraft eventuell durch eine Probe zu erweisen, als die Besteigung eines Rosses nebst einem Ritt, das Einherschreiten ohne Stütze u. s. w. [2]). **Verkauf**: Ein Höriger darf erworbenes vollfreies Eigentum außerhalb der Familie nicht verkaufen, sondern hier ist nur ein Tausch zulässig [3]). **Vererbung**: Jedes Erbe geht ohne eine besondere Sterbefallabgabe an den Bischof über [4]). **Belehnung**: Der Zuspruch von bischöflichem Land an einen neuen Besitzer wird von den Ministerialen vollzogen [5]). Der **Verlust** dieses geliehenen Landes geschieht judicio judicum nach cp. 2, judicio sociorum nach cp. 7; nach cp. 26 wird er „ad manus episcopi dijudicirt".

Im cp. 1 und cp. 23 wird die **legitime Ehe** erwähnt, aber nicht gesagt, in welcher Form sie geschlossen wird.

Bei einem **Rechtsstreite über beliebiges Besitzobjekt** soll der Meineid möglichst vermieden werden dadurch, daß man statt des Eides Zeugenaussagen beweisen läßt. Geht dies nicht, widersprechen sich z. B. dieselben, so soll ein Zeugenzweikampf die Entscheidung bringen [6]). Ein überführter Dieb oder Meineidiger darf nicht schwören, sondern kann sich nur durch einen Zweikampf oder eine Wasser- und Eisenprobe reinigen [7]). Wenn jemand den **Dingfrieden** stört, soll er keinen Reinigungseid schwören, sondern durch das Zeugnis der beisitzenden Schöffen überführt werden [8]). **Darlehnsschul-**

---

1) H. R. cp. 5.
2) H. R. cp. 11.
3) H. R. cp. 21.
4) H. R. cp. 3.
5) H. R. cp. 2.
6) H. R. cp. 31.
7) H. R. cp. 32.
8) H. R. cp. 17.

den sollen nicht, wie bisher in Worms, eidlich versagt werden, sondern ein Zweikampf soll entscheiden [1]). Wird jemand angeklagt, sich einen höheren Stand angemaßt zu haben, so kann er seinen „status" beweisen durch Stellung unbestochener blutsbefreundeter Zeugen, worunter bis drei Frauen sein können, von denen aber mindestens zwei dem behaupteten geringeren Elternteile angehören müssen. Dieses Zeugnis ist rechtskräftig, außer wenn gerichtliche Zeugnisse vorliegen, wie Aussagen der Schöffen, oder wenn sieben Verwandte des Beschuldigten seine Schuld bezeugen [2]). Widerruft jemand ein abgelegtes Schuldgeständnis, und der Beamte hat Zeugen der Ablegung, so ist der Widerspruch ungiltig [3]), erfolgt dagegen der Widerruf beim nächsten placitum, und der Beamte hat keine Zeugen, so gilt der Widerruf [4]). Zugelassen wird der Eid im cp. 18, als Eineid, bei Streitigkeiten zwischen Familiengenossen als Selbstsiebeneid, in Sachen der Blutrache [5]) gegenüber dem Bischof [6]). Sowohl gebotene als ungebotene Dinge werden erwähnt. Ihr Dingfriede darf nicht durch Geräusch oder Verlassen des Sitzes oder zu spätes Erscheinen gestört werden.

15. Die Gerichtsbeamten.

An fünfzehn Stellen finde ich im Hofrecht und den beiden Stiftungsurkunden für St. Paul vom Jahre 1016 vier bis acht Beamtentitel angeführt, zum Teil mit einer Angabe ihrer Funktion. Erstens der comes civitatis: In der ersten Stiftungsurkunde wird ein Gebiet abgegrenzt, wo der „Stadtgraf" keine Amtshandlungen vorzunehmen habe [7]).

Der advocatus [8]) wird im Prolog des Hofrechtes zu den

---
1) H. R. cp. 19.
2) H. R. cp. 22.
3) H. R. cp. 24.
4) H. R. cp. 25.
5) H. R. cp. 30.
6) H. R. cp. 18.
7) Urk. 1016. Infra hunc terminum nec comes civitatis nec aliquis judex aliquid agere vel exigere praesumat excepto episcopo, vel praeposito, aut decano.
8) GENGLER 430. ARNOLD I, 76 ff. NITZSCH 144 ff. WAITZ VII, 41 ff. HEUSSLER = Der Ursprung der deutschen Stadtverfassung, 52 ff. KÖHNE 152 ff.

vielen gezählt, welche der Familie des h. Peter verschiedene Gesetze auferlegen und die geringen Leute durch ihre Urteilssprüche bedrücken[1]). Im Hofrecht cp. 20 erhält derselbe zwanzig Solidi, also den dritten Teil des Wehrgeldes von dem Kläger, welcher im Zweikampf erlegen war, sofern dieser zur Familie gehörte, aber außer der Stadt wohnte, abgesehen von anderen Strafen, die derselbe zu leisten hatte[2]). Im nächsten Kapitel wird bestimmt, daß ein Höriger, welcher von ihm erworbenes vollfreies Eigentum außerhalb der Familie veräußern wolle, dies nur im Wege des Tausches dürfe, und daß der advocatus, welcher Veräußerungen direkt zu vermitteln hatte, in diesem Falle ganz inkompetent sei[3]). Cp. 30 sagt: wenn ein Genosse der familia S. Petri von einem Genossen eines anderen Hofverbandes getötet worden ist, so soll (dieser etwaige Vergünstigungen, die er von Worms genießt, verlieren und) der advocatus seine weitere Verfolgung mitbewirken[4]). Schließlich hat in beiden Stiftungsurkunden ein advocatus Folkmar als erster Laienzeuge unterschrieben[5]). Weiteres Material ist uns ausdrücklich nicht geboten[6]). Wir sehen in diesen Zügen, erstens: daß der advocatus ein höherer Beamter war, und zweitens: daß er überall nach außen hinweist; übrigens halte ich ihn wie ARNOLD mit dem comes civitatis für identisch[7]).

Am häufigsten erwähnt findet sich der minister, loci minister, oder auch ministerialis. Diese drei Titel sind ohne Frage identisch und kommen zum Teil in demselben Satze vor. Der Ministerial wird, wie der advocatus, im Prolog genannt. Dann heißt es im cp. 2: Wenn jemand sein Erbgut notgedrungen verkauft und es keiner seiner Blutsfreunde erstehen will, so soll der loci minister die Zuweisung des Grundstückes an irgend einen anderen Familiengenossen bewirken[8]). Sollte

---

1) H. R. Prlg. GENGLER 7.
2) H. R. 20. GENGLER 7.
3) H. R. 21. GENGLER 7.
4) H. R. 30.
5) I. Urk. v. 1016. Et Laici: advocatus Folcmar. II. Urk. v. 1016. Et Laici: Folcmar advocatus.
6) GENGLER 7.
7) ARNOLD I, 113. GENGLER 7/8.
8) H. R. cp. 2.

aber gegen den neuen Besitzer nach Jahr und Tag einer auftreten, der inzwischen in der Fremde war, so darf der vom Ministerial eingesetzte Erbe nicht ohne weiteres vertrieben werden [1]. cp. 12. Zur Vermeidung von Meineiden soll der loci minister den Fall zweckmäßig ohne Eid entscheiden, wenn gewisse leichtere, insbesondere agrarische Verbrechen vorliegen [2]. Im cp. 24 heißt es: wenn jemand ein beim minister abgelegtes Schuldgeständnis am nächsten Tage widerruft, und der minister Zeugen für das Bekenntnis hat, so ist die Ableugnung ungiltig [3], entsprechend soll nach cp. 25, wenn der Rechtsfall auf ein echtes Ding verschoben werden mußte, eine widersprechende Aussage ungiltig sein, wenn ihn daselbst der minister zeugengemäß eines vorhergegangenen (entgegengesetzten) Schuldbekenntnisses überführen kann [4].

In enger Verbindung mit diesen Ortsrichtern stehen die Ortsschöffen, scabini, bisweilen socii, auch concives genannt. Sie haben, wie man aus den angeführten Zügen sehen kann, zusammen mit dem Ortsrichter fungiert. So sind in den beiden zuletzt angeführten Fällen in cp. 24 und cp. 25 unter den Zeugen die Schöffen zu verstehen; ähnlich soll nach cp. 17 das Zeugnis der scabini gelten, wenn jemand in der Gerichtsverhandlung sich ungebührlich beträgt — den Dingfrieden stört — und der Reinigungseid vermieden werden [5]. Nach cp. 7 verhängen die Schöffen die ventio in manus episcopi [6]. Nach cp. 17 geben die scabini in Anklagen auf angemaßten Stand ihr Urteil ab [7]. Im schon angeführten cp. 12 sucht der minister loci den Meineid zu vermeiden „cum subjectis concivibus".

Standen uns bisher immer noch eine Anzahl von Belegen zu Gebote, so finden wir den vicedominus nur einmal erwähnt, in der angeführten Stelle des Prologs [8]. Man könnte vielleicht daran denken, ihn mit dem praepositus in der Stif-

---

1) H. R. cp. 2.
2) H. R. cp. 12.
3) H. R. cp. 24.
4) H. R. cp. 25. Gengler 8.
5) H. R. cp. 17.
6) H. R. cp. 7.
7) H. R. cp. 22.
8) Gengler 7.

tungsurkunde zu identifizieren, indem man diesen als weltlichen Probst auffaßte [1]).

Schließlich findet sich an eben dieser Stelle die allgemeine Erwähnung von judices, wie auch im cp. 2, wo der Fall erwähnt wird, daß ein mansus judicio judicum in die Hand des Bischofs kommt.

Alles in allem finden sich im wesentlichen drei Beamtenkategorien vor, welche man dahin charakterisieren kann, daß je eine die hier zusammenstoßenden Interessenten vertritt: der advocatus den König, der vicedominus wohl den Bischof, die ministri mit den Schöffen das Volk. Wer die Gerichtsgeschichte in dieser Zeit kennt, sieht, daß sich diese Beamten Burchards mit denen anderer Städte im Einklang befinden.

16. Rechtlich-wirtschaftliche Lage der Bevölkerung.

Nach dem Vorausgehenden wird es uns nun leichter sein, die allgemeine Lage der Bevölkerungsklassen im Burchard'schen Gemeinwesen zu überblicken.

Die leibeigenen Sklaven zunächst erscheinen im Hofrecht völlig gebunden an die Ackerscholle, das praedium, und unterliegen demselben Verkaufs-[2]), Verschenkungs-[3]), Erwerbs- und Tauschverordnungen [4]) wie dieses. Es ist die sonstige Lage der mancipia in jener Zeit.

Der Ausdruck familia wird im Hofrecht an die dreißigmal gebraucht, beinahe stets in den Verbindungen „lex (jus) erit familiae" und „si quis ex familia". „Die familia S. Petri begreift" so definiert GENGLER völlig zutreffend [5]) „alle innerhalb des Stiftsgebietes (dominicatus) auf dazu gehörigem Grund und Boden gegen [6]) Jahreszins (census) und sonstige Leistungen

---

1) SCHANNAT I, 198. ARNOLD I, 118.
2) H. R. cp. 2.
3) H. R. cp. 11.
4) H. R. cp. 21.
5) GENGLER 5. KÖHNE 26 ff.
6) GENGLER 14. ... daß man sich die hofrechtlichen Leistungen „debita servitus" (s. auch cp. XXVI) als gleichsam der Hofstätte anklebend und von dieser getragen . . . gedacht habe.

an Reichnissen oder Diensten (alia justitia cp. 26) mit bloßer Wohnstätte¹) oder mit Ackerland erblich angesessenen²) dem Schutze der Kirche und ihrer Gerichtsbarkeit untergebenen Personen". Für „familia" kommt mehrmals der Ausdruck „socii" vor³).

In der familia bilden den unteren Stand die **dagewuarden**⁴), den oberen die **fiscalinen**⁵). Jene sind diesen ehelich unebenbürtig, und Kinder folgen der schlechteren Hand. Beide zahlen in gleicher Weise Buße, Gewedde und Bann. Für die Höhe derselben ist nicht der Stand ausschlaggebend, vielmehr die Zugehörigkeit zur selben societas. Daß ein fiscalin angeklagt wurde, dagewuard zu sein, sich also einen höheren Stand angemaßt zu haben, kam nach cp. 22 vor. Den eigentlichen Standesunterschied zeigen die cp. 9 und 29 an. Das Wehrgeld des fiscalinen beträgt 5 Pfund an die Bischofskammer, 2½ Pfund an die Blutsfreunde. Das Wehrgeld des dagewuarden wird nicht erwähnt, doch hat es ohne Zweifel bestanden und floß gänzlich in die Bischofskasse. War ferner der dagewuard ein einfacher Hofhöriger, so bestanden die Dienste der fiscalinen in den ehrenhaften Hofdiensten des Kämmerers, Mundschenks, Truchseß' und Marschalls und des ministerialen. Aber sogar von diesen ehrenhaften Hofdiensten können sich die fiscalinen befreien durch eine jährliche Königssteuer von vier Pfennigen und eine jedesmalige Kriegssteuer von fünf Pfennigen.

Die **milites** sind im Prolog als ein weiteres Bevölkerungselement genannt, ebenso der Klerus, ohne sonst je im Hofrecht berücksichtigt zu sein. Wir haben schon erwähnt, daß man sie deshalb als außerhalb des Hofverbandes stehende Leute anzusehen habe⁶).

---

1) GENGLER 12.
2) GENGLER 29.
3) GENGLER 5.
4) GENGLER 6. KÖHNE 38 ff.
5) GENGLER 5.
6) GENGLER 6. — Mit Stiftsgütern, d. h. bischöflichen Lehensgütern, waren sie allerdings stets begabt, aber solchen, von denen keine Abgaben und Frohnden zu leisten waren, sondern für die sie eben den Kriegsdienst leisten, welchen man nicht als eine solche materielle Leistung ansah, wie diejenigen der Fami-

Der Vollständigkeit halber müssen wir noch einen Augenblick das Verhältnis der Altfreien[1]) zur Familie und zum Bischof betrachten. Fragen wir zuerst danach, wie sich das allgemeine Verhältnis derselben im Laufe der Zeit, insbesondere durch den Übergang ihrer Gerichtsbarkeit auf den Bischof gestaltet habe, so kann man wohl sagen: ideell hatten die Freien ohne Frage einen Rückschritt gemacht, reell ebenso sicher einen Fortschritt. Sie waren nicht mehr direkte Unterthanen des Königs, der durch seinen Beamten sie richtete, jetzt war der Vogt eines Bischofs ihr Richter, aber der Vogt hatte nach milden geordneten Gesetzen zu schalten, während der Graf de facto längst willkürlich verfahren war. So wurde denn die neue Herrschaft weit mehr als eine Erlösung empfunden denn als eine Erniedrigung[2]). Prüfen wir das Hofrecht auf die Lage der Freien hin, also nicht in seiner Eigenschaft als „Hofrecht", sondern mehr als „Stadtrecht", so bemerken wir gleich, daß das Rechtsbuch, wie es für die Hörigen bestimmt war, keine einzige direkte Bestimmung für die altfreie Gemeinde enthält[3]), denn die Verordnung für die „concives" berühren ja die altfreie Gemeinde nicht. So können wir denn eine geringe Illustration der Lage der Altfreien aus dem Hofrecht nur durch diejenigen Züge gewinnen, welche **die ganze Stadt mit ihrer gesamten Bevölkerung, also den Altfreien einschließlich**, betreffen[4]), das sind aber wieder nur sehr wenige[5]). Nach cp. 27 ist es Gesetz: wenn jemand in der

---

liengenossen. Und nur wegen dieser „hohen" Auffassung ihrer Kriegsdienst-Leistung standen sie außerhalb des Hofverbandes, sonst würde GENGLER's Definition der Hofgenossen (cf. pag. 48) auch auf sie vollkommen zutreffen. KÖHNE 46 ff.

1) Daß es solche gab, würden schon Stellen beweisen, wie H. R. cp. 21. KÖHNE 29/37.
2) ARNOLD I, 66.
3) Daß das Hofrecht eine Beförderung der städtischen Entwickelung, im wirtschaftlichen Sinne, als Kaufmannsrecht enthalte, ist allerdings durchaus nicht zu behaupten, aber auch nicht „vielfach ausgesprochen" worden, wie KÖHNE 16 und 24 glaubt.
4) ARNOLD I, 62. Von diesen ist es gewiß, daß sie sich auf alle Einwohner, also auch auf die altfreie Gemeinde beziehen.
5) Die ganze Stadt, jedoch nicht die Altfreien, betrifft cp. 26 (u. 21). KÖHNE 22/4.

Stadt einen zu Boden schlägt, hat er den Bischofsbann, sechzig Solidi, zu erlegen, wenn er ihn mit der Faust oder einer leichten Peitsche, die eine Blutrunst erzeugt, schlägt, ohne daß er fällt, so soll er nur fünf Solidi erlegen [1]). Ähnlich bestimmt das folgende cp.: wenn jemand in der Stadt, um jemanden zu töten, sein Schwert zückt oder mit aufgelegtem Pfeil den Bogen spannt oder seine Lanze zum Niederstoßen vorstreckt, soll er sechzig Solidi büßen [2]). Endlich cp. 20: wenn in der Stadt Worms ein Kläger im Zweikampf fällt, so soll er sechzig Solidi zahlen, dagegen außerhalb der Stadt, aber innerhalb der Familie, soll er dem unrechtmäßig Verklagten die dreifache Buße erlegen, den Bann bezahlen, dem advocatus zwanzig Solidi geben, oder Haut und Haar verlieren [3]). Man sieht hieraus, wie die Stadt und damit ihre Bürger einen besonderen Rechtsschutz genießen sollen [4]). Dem entsprechend zahlt der Mörder, der sein Verbrechen in der Stadt beging, obendrein sechzig Solidi Bischofsbann, während er anderenfalls, ohne diesen, nur die Leibesstrafe zu erdulden und Wehrgeld zu erlegen hatte [5]). Entsprechend ist die lokale societas auch ein rechtlich moralischer Verband [6]). Wie weit das vom advocatus verwaltete Rechtswesen der Freien noch ferner mit demjenigen der familia übereinstimmte, oder wie es sich im einzelnen unterschied [7]), können wir nicht direkt feststellen, denn darüber fehlen uns in den Wormser Quellen dieser Zeit alle direkten Nachrichten.

Sehen wir nun noch, welche Verordnungen des Hofrechts den Bischof namentlich berühren. Abgesehen vom Prolog, wo sich Burchard als Verfasser des Gesetzes nennt, das er zum Schutze der Familie gegen die Bedrückungen der Beamten und die Bevorzugung des reichen vor dem armen Manne erläßt, bezeichnet er sich im cp. 2 als Lehnsherrn, der die Hofstätte verteilen läßt, und in dessen Hand der mansus zurückfällt,

---

1) H. R. cp. 27.
2) H. R. cp. 28.
3) H. R. cp. 20.
4) Arnold I, 63. Gengler 25. Dagg. Gierke, Das deutsche Genossenschaftsrecht I, 160, 16. Heusler 121. Könne 20/2.
5) H. R. cp. 30. Gengler 35.
6) Gengler 20.
7) Auch von der alten Vogtei. Arnold I, 69.

wenn er nach dem Spruche der Richter abgesprochen wurde. In cp. 29 normiert der Dienstherr seine Rechte gegen die fiscalinen. Ferner aber ist er[1]) der oberste Gerichtsherr, vor dem der Mörder sich zu verantworten hat, und die letzte Verordnung gilt dem Verrat am Hofherrn gegen seine Ehre oder sein Leben, welche mit der Rechtslosigkeit bestraft wird. Ihr nahe steht die ventio in manus episcopi: Leib, Freiheit und Besitz verfällt in die Gewalt des Bischofs. Ein Gewedde von nur fünf Solidi wird ihm geleistet, wenn innerhalb der Genossenschaft bestimmte Vergehen passieren, ein und zwei Drittel Solidi, oder eine Unze, wenn außerhalb derselben. Der Bischofsbann beträgt sechzig Solidi vom falschen Ankläger und sechzig Solidi vom Frauenmörder, nebst dem dreifachen Wert jedes Kleidungsstückes der Frau, im Augenblicke des Raubes; sechzig Solidi vom schweren trockenen Schlag, das gemeine Gewedde von fünf Solidi beim leichten Schlag mit Blutrunst, sechzig Solidi beim schweren Versuchsakt. Vom Wehrgeld des fiscalinen kommen fünf Pfund in die bischöfliche Kammer, das des dagewuarden wohl ganz. Wenn aber ein Hofgenosse eine fremde Gattin nimmt, so fällt bei seinem Tode zwei Drittel vom Besitz in die Hand des Bischofs.

So sehen wir Burchard überall entschieden genug seine **Herrlichkeit** normieren. Burchards Ziel gegenüber Worms ist, in letzter Instanz nach allen Seiten Herr desselben zu werden, und soweit dies in der damaligen Zeit möglich gewesen, wo der Episkopat noch eng an die Krone gebunden war, hat Burchard auch sein Ziel erreicht. Neben dieser Herrlichkeit Burchards zeigt uns das Denkmal andererseits unleugbar ein Streben nach milderer, **humaner Behandlung der Unterthanen**. Der Lehnsherr fordert kein Besthauptrecht als Sterbeabgabe mehr[2]), und die Absprechung eines Hofgutes wird auf den äußersten Fall verschoben, daß der Inhaber ein auf dem Lehen von ihm erbautes Haus verkauft, oder die rechtmäßigen Abgaben drei Jahre ausbleiben, und auch dann wird er noch dreimal zum placitum geladen, und wenn er nachzahlt, behält er das Grundstück. Wenn ferner der Gerichtsherr die schwersten

---

1) H. R. cp. 30.
2) H. R. cp. 3.

Kriminalfälle vor seinen eigenen Stuhl fordert, so liegt darin zugleich die Sorge, daß ein solcher Fall nicht durch unzureichende Überlegung leichtfertiger Beamten beurteilt werde. Der Dienst- und Brotherr aber sucht auf alle mögliche Weise seine Hofgenossen im Wohlstand zu erhalten und verschuldeter oder unverschuldeter Verarmung vorzubeugen. Das einmal ererbte Vermögen soll unveräußerlich sein [1]), und sollte die Not einmal zur Veräußerung zwingen, so muß es vorher den nächstgesippten Blutsfreunden zum Kaufe angeboten werden [2]); wenn diese von ihrem Vorkaufsrecht keinen Gebrauch machen, so soll es wenigstens in der Genossenschaft bleiben [3]). Ein Verkauf ohne ehehafte Not erfordert unbedingt die Zustimmung der nächsten Erben. Der unmündige Hofgenosse darf sein Erbe nicht unschuldig verlieren [4]), es ist unteilbar, nur ein Sohn darf es erben [5]); ist aber kein Sohn da, so darf es auch durch weibliche Vererbung den Nachkommen erhalten bleiben [6]), keinesfalls aber darf es durch eine unzurechnungsfähige letztwillige Zuwendung der Sippe entzogen werden [7]). Dem Hörigen ist es wohl gestattet, vollfreies Eigentum zu erwerben, und die Sippe hat hier kein Wartrecht, aber wieder veräußert darf es nur werden an einen Hofgenossen oder bei Eintauschung gegen ein anderes Grundstück. Im übrigen ist der Herr bemüht, soweit es geht, der Bevölkerung möglichsten Spielraum und Freiheit im Rechtsleben zu gestatten; dies bezeugen die Bestimmungen über die Mischehe [8]), die Mischherrschaft [9]) und den Mischbesitz [10]). Während in anderen Hofrechten die Ehe mit einer Frau eines anderen Hofverbandes nicht gestattet ist oder nur zwischen einzelnen bestimmten Verbänden zugelassen wird [11]),

---

1) H. R. cp. 2.
2) H. R. cp. 2.
3) H. R. cp. 2.
4) H. R. cp. 2.
5) H. R. cp. 10.
6) H. R. cp. 10. GENGLER 18.
7) H. R. cp. 11.
8) H. R. cp. 14, 15, 16.
9) H. R. cp. 25.
10) H. R. cp. 25.
11) GENGLER 21.

oder wenn die eventuell willkürliche Auflösung einer solchen Ehe vom Hofherrn vorbehalten wird, bestimmt Burchard wenigstens nur, daß beim Tode des betreffenden Gatten zwei Drittel seiner Güter dem Bischof verfallen. Innerhalb des Wormser Hofverbandes ist es nur das anerkannte Prinzip, wenn bei Ehen zwischen fiscalinen und dagewuarden die Kinder der schlechteren Hand folgen [1]). Ferner ist es gestattet, daß ein Wormser Grundholde durch seine Verheiratung zugleich Lehensmann einer anderen Herrschaft werde, und umgekehrt, ohne eigentliche Beschränkung. Endlich ist es auch, wie erwähnt, dem Hörigen rechtlich erlaubt, freies Eigentum zu erwerben.

V. Das Dekret und die kirchliche Verfassung der Diözese.

17. Entstehung des Dekrets.

Weit mehr ein spezifisch litterarisches Werk als das Hofrecht ist Burchards Canonen-Sammlung. Doch verfolgt auch dieses dasselbe praktische Ziel wie jenes: das Wohl seines Bischofsstaates. Von dieser kanonistischen Arbeit scheint es noch im vorigen Jahrhundert Handschriften gegeben zu haben [2]); heute sind wohl keine mehr erhalten [3]). In dem ältesten Drucke [4]) führt das Werk den Titel: Decretorum libri XX; daß es ursprünglich collectarium geheißen, bleibt Ver-

---

1) H. R. cp. 16.
2) BALLERINI, 634. nos item quatuor integros codices vidimus. BALLERINI, 634. Codex, ex quo editio prodiit, libros XX. Burchardo inscribit. PITHOEUS vetustissima exemplaria commemorat. BALUZIUS, Antonii Augustini, de emendatione Gratiani Dialogorum libri II, Praefatio.
3) WAITZ, SS. IV, 829. EBELING II, 531. Wir erfahren dort (STEINERS Archiv II, 148—50), daß sich von Burchards volumen decretorum auf der Frankfurter Stadtbibliothek eine alte Handschrift befindet.
4)

QUESTENBURGH	—	?	MIGNE 140
Colonie	Paris	Köln	Paris-Montrouge
1548	1549	1560	1853
Novesianus	Foucher	?	Migne
Fol.	8⁰	?	4⁰

mutung¹). Der Entstehungsort ist Worms, und zwar die Cella²), jenes Privatgebäude Burchards bei Worms. Die Entstehungszeit liegt in den Jahren 1012—1023³). Den terminus a quo bietet ein Briefschema im 2. Buche cp. 227, welches vom 15. März 1012 datiert ist, den terminus ad quem: der Anhang des Werkes: Die Beschlüsse des Seligenstadter Konzils vom Jahre 1023. Zur Erklärung, wie Burchard auf den Gedanken kam, das Dekret zu verfassen, könnte man vielleicht mehrere Momente aus seinem Leben heranziehen. So erzählt uns SCHANNAT, daß Burchard der Synode von Dortmund 1004 angewohnt hätte, auf welcher viel über kirchliche Fragen, insbesondere über praktische, z. B. über die Ehe zwischen Verwandten, verschiedene Pönitentialfragen u. s. w. gehandelt wurde, und wo jene eigentümliche Totenverbrüderung stattfand. Diese Synode nun habe Burchard mit dem Gedanken an eine kanonische Sammlung verlassen. Der Bericht, insbesondere wie der eigentümliche Charakter gerade dieser Synode auf den jungen Bischof einen Eindruck machte und einen solchen Gedanken in ihm wachrief, hat einige Glaubwürdigkeit an sich, quellenmäßig belegt ist er freilich nicht. Vielleicht war es hier auf der Dortmunder Synode auch bloß der Entschluß, der gefaßt wurde, wo Burchard (eventuell zum erstenmal) sah, wie Heinrich dergleichen kirchlichen Fragen ein lebhaftes Interesse zuwandte, und die Gedanken an eine solche Sammlung lagen vielleicht längst in der Seele Burchards vor. Man sollte wenigstens

---

1) Vita cp. 10. eodem quippe tempore in collectario canonum non modicum laboravit. BURCHARD, Praefatio No. II, ad haec in collectario hoc, si quid utilitatis invenerit dei donis adscribe. BALLERINI 638. Manuscripti codices omni titulo carent, concinit vero cum praefatione ipsius Burchardi (No. II) in cujus fine is suam collectionem „collectarium" vocat. BALLERINI 633.
2) Vita cp. 10. MASTRICHT 286. GIESEBRECHT II, 80/1.
3) SIGEBERT, Chron. a. a. 1008: Burchardus quoque fit Wormacensium episcopus, qui in scripturis studiosus, magnum illud canonum volumen edidit scripturarum sententiis undique compilatis defloratum. Annalista Saxo a. a. 1006. BLONDELLUS, Pseudo-Isidorus et Turrianus vapulantes. Prolegumena cp. 18, pag. 98/9, in margine: A D. 1010. BALLERINI 633. SCHANNAT I, 332 u. 335.

meinen, die Studien, die Burchard einst bei seinem gelehrten Lehrer Olbert getrieben, hätten den Gedanken leicht auftauchen lassen können. Es ist fast, als ob der Schüler, zu Ehren gestiegen, den alten Lehrer zu sich ruft, um einen Jugendgedanken, der unter seiner Leitung entstand, nunmehr zu realisieren. — Der Prologus oder die Vorrede (Praefatio vulgata) widmet das Werk Brunicho, dem Probst an der Hauptkirche zu Worms. Sie bezeichnet denselben auch als Veranlasser[1]; die Vita aber nennt ihn auch noch als Mitarbeiter[2]. Burchard selbst nennt keinen solchen, dagegen führt die Vita als zweiten Walther, Bischof von Speyer [3]) 1014—1031, an, und setzt drittens Sigeberts Zeugnis[4]) Olbert als Beteiligten außer Frage. Sigebert ist nicht eine Quelle, welche an einem Orte übertreibt, um am anderen abzuschwächen, er hat mit seinen verschiedenen Ausdrücken zuversichtlich denselben Gedanken wiedergegeben, nämlich: die starke Beteiligung Olberts. Von Burchards Vorrede ist eine problematische zweite Fassung vorhanden[5]), welche sich als eine ursprünglichere durch die Einfachheit des Stils u. s. w. zu erkennen giebt; hierzu kommen Nachrichten über eine zweite Sammlung Burchards. JOHANNES

---

1) Burchard, „Praefatio vulgata". D. Burchardus ecclesiae Wormatiensis episcopus Brunichoni fidelissimo suo et ejusdem ecclesiae praeposito in Christo domino salutem (Decr. VII). A multis sane diebus et saepe quidem coram familiaritas tua charissime frater hortando a nobis contendit ut . . . viginti studio colligerem . . .
2) Vita cp. 10. et Brunichone praeposito exhortante.
3) Vita cp. 10. BRESSLAU I, 338/9. WATTENBACH I, 263.
4) SIGEBERT, liber de scriptoribus ecclesiasticis cp. 141. Burchardus episcopus urbis Vangionum, que dicitur Wormatia, magnum canonum volumen, quod a nomine ipsius BURCHARDUS denominatur, multo studio composuit; quod testimoniis omnium authenticorum conciliorum et decretis Romanorum pontificum, sententiis omnium pene catholicorum patrum auctorizavit; ex quo adhuc omnium conciliorum decreta auctorizantur. SIGEBERT, Gesta abbatum Gemblacensium cp. 27. Olberto dictante et magistrante magnum illud canonum volumen auctorizavit. SIGEBERT, Chronicon a. a. 1008.
5) KASSANDER, opera 1091 und 1098. BALLERINI 634/5. — Wir kennen noch eine zweite Form dieses Widmungsbriefes, Praefatio No. II.

Molinäus berichtet: er habe ein sechsmal umfangreicheres Werk Burchards gesehen als das herausgegebene, und es sei in zwölf Bücher eingeteilt gewesen ¹). Denselben Bericht macht J. A. Fabricius auch, er fügt ausdrücklich hinzu, diese umfänglichere Arbeit sei noch nicht in die Öffentlichkeit gekommen, sondern nur ein Exzerpt in zwanzig Büchern ²); ähnlich äußert sich Panzirollus ³). Mögen diese Nachrichten auf eine einzige falsche ⁴) zurückgehen, immerhin darf diese und noch andere offene Fragen bei der Beurteilung des Werkes gewissenhafterweise nicht völlig außer Acht gelassen werden. Im Drucke schließt sich ein Quellenkatalog an die Vorrede an ⁵); in der Praefatio No. II steht er innerhalb derselben. Er nennt das corpus canonum ⁶) des Pseudo-Isidor, einen canon aposto-

---

1) Molinäus, Decretum Ivonis Lovanii 1611, Epistola dedicatoria p. 4 . . . ita et ille universi juris pontificii, quo utimur, artem Iustinianeam methodum qnam proxime imitatus duodecim libris tomisve elegantissime exaravit. Dixi duodecim, nam quod exstat opusculum huius nomine, nihil est quam authoris quem prefert epitome, quae quamquam numero libellorum superet archetypum sui tamen amplitudine ac mole vix sextam illius portionem attingit: Qua propter idem Burchardo quod et Ivonis usu venit si quidem utriusque compendia pro primis scriptoribus passim habentur et frequentantur quippe Burchardus ipse nullus typographi literarum formis subactus est.
2) J. A. Fabricius, Bibliotheca eccles. XI, 8, duodecim tomos decretorum . . . Hoc opus ipsum integrum necdum lucem vidit, sed tantum excerpta ex illo divisa in libro XX.
3) Panzirollus, De claris legum interpretibus, liber III, c. 3/4, p. 315/6. Post Isidorum Burchardus Wormatiensis episcopus rudem indigestamque illius decreti molem methodice ordinavit ac primus jus pontificum in sua loca digestum XX libris complexus est, qui ob longae lectionis tedium intermissi brevi interiere. Nam quae eius nomine circumfertur Epitome plures quidem libellos sed vix sextam justi operis partem continet. Cum vero novis . . . Ceterum Burchardi et Ivonis decretis ob librorum magnitudinem neglectis . . .
4) Ballerini 634. Wasserschleben, B = Beiträge zur Geschichte der vorgratianischen Kirchenrechtsquellen 46.
5) Mastricht 281. Fontes autem (et partes) sui operis ipso recenset in fine memoratae praefationis.
6) Ballerini, 638. „Nucleus canonum" quem initio catalogi Burchardus in fine praefationis laudat et „canonum corpus" a

lorum, orientalische und occidentalische Konzilienbeschlüsse, Papstdekrete, das alte Testament, Kirchenväter und die drei bekanntesten Pönitentialien¹). Der Katalog ist jedoch nur ein summarischer, insbesondere sind die benutzten früheren Sammlungen nicht angegeben, aus welchen er solche Canones, Dekrete u. s. w. unmittelbar geschöpft, oder auch wie weit er das Material aus Dokumenten entlehnt hat. Von Sammlungen hat er die collectio Anselmo dedicata benutzt²), mit der verschiedene Bestandteile römischen Rechts in das Dekret hineingekommen sind. Des Regino libri duo de synodalibus causis³) hat er fast ganz aufgenommen⁴). Obgleich hundert Jahre älter, ist er ihm in seinem Ziele sehr verwandt. Der angeführte Isidor ist am stärksten im ersten Buche benutzt, das über großkirchliche Fragen handelt. Ferner giebt nun jedes einzelne **Kapitel** seine **Quelle** an, aber diese Angaben sind vielfach durch Flüchtigkeiten⁵), bisweilen mit augenscheinlicher Absicht, **verfälscht⁶**). Die Frage nach dem Zweck der eigenen Fälschungen Burchards fällt aber von vornherein nicht im entferntesten mit der Frage nach dem Zweck der Benutzung des Fälschers Pseudo-Isidor zusammen, und ist die Thatsache auch ohne einen solchen Zusammenhang zu erklären⁷), wenn auch nicht zu entschuldigen. Andererseits dürfen wir hier auch nicht verschweigen, daß zur Zeit die Vorstellungen, welche über die Zahl, Ausdehnung und Tragweite der Fälschungen kursieren,

---

quibusdam appellari affirmat, est Pseudo-Isidori collectio, ex qua quidem multa apocrypha decreta transscripsit.

1) WASSERSCHLEBEN, B. O. = die Bußordnungen der abendländischen Kirche 72, 58, 77.

2) RICHTER, Beiträge 61 und 69.

3) BALUZIUS, Reginonis libri II de synodalibus causis et disciplinis ecclesiasticis. Praefatio 22. BALLERINI 638. WATTENBACH I, 211/2.

4) WASSERSCHLEBEN, Regino-Ausgabe 497—516 tabula synoptica.

5) So nimmt er z. B. aus seiner Vorlage ein „unde supra" herüber, ohne zu beachten, daß bei ihm eine andere Quellenangabe vorherging als in der Vorlage, u. a.

6) z. B. werden Kapitularien Karls d. G. Päpsten zugeschrieben.

7) cf. p. 67.

meistens sehr blasse sind und es sein müssen, da eine zureichende Untersuchung darüber noch nicht gemacht worden ist[1]). Ehe man, wie dies GFRÖRER thut, die Frage aufwirft, was bezweckte Burchard mit der Benutzung dieses Fälschers, und weitgehende Vermutungen an ihre Beantwortung knüpft[2]), müßte man erst beweisen, daß Burchard Isidor als Fälscher kannte. Das Gegenteil davon bezeugt aber schon das Buch selbst. Warum sollte nämlich unter diesen Voraussetzungen Burchard die dem Pseudo-Isidor zuwiderlaufenden echten Canones in sein Werk aufgenommen haben, wie er es gethan hat?

Der Druck von 1548, welcher unser Ausgangspunkt bleiben muß, enthält folgende vierzehn Stücke. Sie gehören inhaltlich sehr wohl zusammen, jedoch die Reihenfolge ist eine auffallend verkehrte. Auf die Widmungsvorrede (epistola nuncupatoria) des (auf dem Titel ungenannten) Herausgebers QUESTENBURGH an den Bischof Philipp II. von Speyer (1529—1542)[3]) folgt die Praefatio und der Quellenkatalog, von welchen oben gesprochen wurde; darauf folgt 4. eine Inhaltsangabe des gesamten Werkes nach Büchern[4]) und des ersten Buches nach seinen Kapitel-Überschriften[5]). Bis hierher ist die Reihenfolge

---

1) Aufgabe einer neuen Dekretausgabe, welche zu jedem Kapitel die Quelle nachweist. Vorarbeit u. a. BLONDELLUS, Prolegumena 98 ff. = MASTRICHT 287 ff. WASSERSCHLEBEN, Regino-Ausgabe Tabula synoptica. FRIEDBERG, Corpus juris canonici dto. WASSERSCHLEBEN, B. 7, 18, 26, 27, 30 ff., 31.

2) GFRÖRER IV, 1, 177.

3) QUESTENBURGH, Reverendissimo in Christo Patri Domino, Domino Philippo Ecclesiae Spirensis Praesuli Bartoldus Questenburgh, S. D. nullum enim praesentibus remedium huic malo (Reformation v. 1517) invenire excogitarive posse existimo, quam si vetera novis, orthodoxa erroneis, placida opponantur seditiosis ... unde perspicuum evadit, quod si quis secundum huius voluminis praescriptum vitam moresque composuerit, non admodum reformationem, quam omnes tam solicite expectant, desideraverit.

4) Die Inhaltsangabe der Bücher stammt von Burchard selbst. MASTRICHT 249.

5) Auch die Inhaltsangaben der Kapitel sollen von Burchard herrühren. MASTRICHT 279 ff. (Librorum) quilibet sua capita seu canones habet, quodlibet autem caput est tantum unius canonis, cuique tamen canoni titulus seu summarium praenotatus legitur. Summam librorum hanc praemisit ipse Burchardus.

ganz natürlich, während man aber nun den Text des ersten Buches erwartet, tritt eine Einschiebung der Vita Burchardi und seines Hofrechtes ein, und zwar indem 6. der Prolog zur Vita folgt, 7. die Vita selbst, 8. der Prolog zum Hofrecht, dann mit abermaliger Unterbrechung eine Urkunde aus der Kanzlei Konrad II., die Bestätigung der wichtigsten Erwerbungen des Wormser Bistums enthaltend, dann 10. das Hofrecht, 11. schließlich eine admonitio in synodo legenda; dann wird der oben verlorene Faden wieder aufgenommen, es folgen die zwanzig Bücher der Dekrete [1]) mit jedesmal vorausgeschicktem Verzeichnis der Kapitel-Überschriften eines Buches, darauf ein Anhang: die Seligenstadter Konzilienakten von 1023 und ein Druckfehler-Verzeichnis [2]).

Der Inhalt der Dekrete selbst aber ist mit Berücksichtigung von Burchards eigener Inhaltsangabe folgender: den Grundstock des Werkes bilden Pönitentialbestimmungen. Die 11 Bücher von 6—18, mit Ausnahme von 13 und 15, geben Strafanweisungen für spezielle Gebiete der Vergehen, und zwar der Reihe nach für Mord, unerlaubte Verwandten-Ehe, Bruch des Mönchsgelübdes u. s. w., Ehebruch, Aberglauben, Diebstahl u. s. w., Meineid, Schlemmerei und Trunkenheit; für Vergehen der im Prozeß auftretenden Personen, Hurerei und Strafbehandlung Kranker. Dem entsprechend kehrt in Burchards eigener Inhaltsangabe elfmal der Ausdruck poenitentia wieder; hierzu kommt das 19. Buch, welches den Namen corrector et medicus führt und ein mehr summarisches Poenitentiale für sich bildet [3]). Diesem Hauptteil des Werkes gehen 5—7 Bücher voraus, welche kirchliche Verfassungsfragen behandeln, welche sich mit den

---

1) BURCHARD, Praef. No. II . . . Collegi et, prout potui, corpore connexui in uno et in viginti libros idem corpus distribui. BURCHARD, Praef. vulg. Synodalia praecepta sanctaque instituta . . . in unum fascem ex amplissimo orbe collegi. Eoque, ut potui, uno veluti corpore conexa, viginti libris distinxi. Vita cp. 10. Hoc vero corpus sive collectarium, distinxit et in viginti libros. BALLERINI 638.

2) Die geringeren Druckfehler sind nicht aufgenommen, so besonders die zahlreich verdruckten Ziffern.

3) WASSERSCHLEBEN, B. O. 89 ff. BALLERINI 639/0. PETIT, Poenitentiale Theodori I, 358.

kirchlichen Personen und mit den wichtigsten kirchlichen Handlungen beschäftigen. Das 1. Buch handelt im Grunde nur vom Bischof, der Papst ist verschwindend selten erwähnt, der Metropolit nur in Bezug auf den Bischof; dagegen findet sich eine Fülle von Bestimmungen für Eventualitäten einer Bischofswahl, für die verschiedenen Gründe seiner Absetzung, verschiedene Gebiete seiner Thätigkeit, insbesondere Synoden, Visitationen für Bischöfe, die sich irgend etwas zu Schulden kommen ließen, die Art der Beurteilung eines solchen Falles u. s. w. Das 2. Buch bestimmt nach denselben Gesichtspunkten das Verhältnis des Bischofs zur niederen Geistlichkeit. Sachlich gehört dann hierauf am besten das 15. Buch hin, welches spricht: de imperatoribus, de principibus et de reliquis laicis, et de ministerio eorum, denn es handelt eigentlich nur von dem Verhältnis der principes zur Kirche. Das 3. Buch ist dem äußerlichen Kirchenapparat gewidmet, der Einrichtung des kirchlichen Gebäudes, aber auch dem Besitz und den Gerechtsamen der Kirche. Das 4. Buch spricht vom Abendmahl, das 5. von der Taufe, das 13., welches billig hierher gehört, vom Fasten. Schließlich bildet einen dritten Teil des Ganzen für sich das 20. Buch, welches sich mit spekulativer Theologie beschäftigt und daher liber speculationum genannt ist.

18. Bedeutung des Dekrets.

Sucht man die Stelle zu fixieren, welche Burchards Dekret in der Reihe der Canonen-Sammlungen einnimmt, so sieht man, daß es zu denjenigen gehört, welche ihr Material bereits systematisch sichten: der Verfasser reiht nämlich nicht mehr bloß chronologische Canones und Dekrete aneinander, wie dies vor ihm geschah, sondern er scheidet sie bereits in verschiedene Gebiete. Freilich ist die Scheidung keineswegs sehr gelungen, das zeigt schon die Gruppierung der Bücher. Andererseits steht Burchards Werk nicht mehr auf der rein theologischen Stufe der Kanonistik. In seine Sammlung sind dogmatische Elemente nicht mehr aufgenommen; dogmatische Lehre und kirchliche Verfassung sind von ihm auseinandergehalten. Dagegen steht sie noch nicht auf der juristisch-kanonistischen Stufe: Burchard, wie die vorbologneser Zeit, hat noch keine Ahnung davon, daß er ein nicht theologisches Thema, ein Thema einer juristischen Wissenschaft, bearbeite: kanonische, privatrechtliche, strafrechtliche, verfassungsrechtliche Elemente liegen in dem Buche oft ungeschieden nebeneinander. Das Werk, das Burchard zustande brachte, hat er zunächst für seine Diözese **bestimmt**, doch hat er den Gedanken an eine weitere Verbreitung gehabt und spricht ihn gelegentlich in hypothetischer Form in der Vorrede aus. Diese öffentliche **Verbreitung** des Dekrets ist auch erfolgt, als bestes Zeugnis für die Arbeit. Andererseits hat aber das Werk eine zeitliche, eine litterarhistorische Verbreitung erlangt, von der Burchard nichts ahnen konnte. Es ist, insbesondere wegen seiner Umfänglichkeit und der Übersichtsgruppierung des Materials, fast allen, vornehmlich den bedeutenden Sammlungen, die auf ihn folgten, die hauptsächlichste Quelle gewesen. Insbesondere ist es als solche für die collectio XII partium, III partium, die Werke Ivos, das Dekret und die Pannormie, nachgewiesen worden [1]). Die größte Verbreitung fand es schließlich dadurch, daß es fast ganz in dem Dekret des Gratian fortlebte. Die räumlichen Grenzen des Vaterlandes überschreitend, hat es hierdurch auf das ganze Abendland mittelbar eingewirkt; jedoch ist zu bemerken, daß es selbst neben Gratian, welcher alle übrigen Sammlungen völlig verdrängte, mit Pseudo-Isidor, wenn auch in bescheidenem Maße, so doch immer gebraucht wurde.

Sieht man sich unter den **Urteilen über Burchards Dekret** um, so gewahrt man, daß es drei wesentlich von einander verschiedene Auffassungsweisen sind, welche zu Grunde liegen. Die erste dieser Anschauungs- und Würdigungsweisen stammt, soviel ich weiß, von A. F. GFRÖRER, wenigstens aber findet sie bei ihm den schärfsten Ausdruck. Sie wird charakterisiert durch den Satz: „Daß der falsche Isidor den Zweck hat, die Metropolitanhoheit der Alleinherrschaft des Papstes zum Opfer zu bringen, wurde ... gezeigt. Gerade auf dieses Endziel sind auch Burchards Auszüge berechnet" — zum Beweise werden dann fünfzehn Isidor-Stellen aus dem 1. Buche Burchards herangezogen [2]). Nur wer die von GFRÖRER citierten

---

1) WASSERSCHLEBEN, B. a. v. O.
2) GFRÖRER IV, 1, 77.

Beweisstellen allein berücksichtigte und seine Auffassung der gesamten Zeit als völlig richtig voraussetzte, könnte seine Beurteilung Burchards teilen. Ebenso unzulänglich ist eine zweite Anschauungsweise, welche in neueren Rechtsgeschichten zu finden ist, nämlich als ob Burchards Sammlung ausschließlich als Quelle Gratians Bedeutung habe. Es ist das Verdienst von K. W. Nitzsch, zuerst eine dritte Würdigungsweise angebahnt zu haben [1]). Die Vorrede zum Werke erklärt uns nämlich, daß das kanonische Rechtswesen, insbesondere die Pönitentialbestimmungen in der Wormser Diözese sich in völliger Konfusion befanden, und daß darin die Veranlassung für die Arbeit gelegen habe [2]), indem diese erstens: eine Richtschnur für den Pönitentialgebrauch abgeben, und zweitens: zugleich ein Lehrbuch über dies Gebiet für die jungen Geistlichen ersetzen sollte [3]). Also unmittelbar in den Lebensverhältnissen der Diözese Worms lag die erste Veranlassung. Auf dieses Leben sollte das Buch einwirken

---

1) Nitzsch 123.

2) Burchard, Praef. vulg. et quidem vel ea ratione maxime lagitare videbaris, quod canonum jura atque poenitentium formae in nostra quidem dioecesi adeo confusa sint atque inter se discrepantia, ut aut ex tota neglecta aut omni pene auctoritate destituta, vel modice in ecclesiastica disciplina institutis apparere possint. Burchard, Praef. vulg. Qua de causa saepe accidit, ut ad poenitentiae remedium confugientibus cum ob canonum descriptionem confusam tum ob presbyterorum ignorantiam non facile subveniatur ... Et ... quia non certam temporis mensuram canonum censura expressit ad singula poenitentium delicta adhibenda, sed in absolventium indicio relinquendam statuit, idcirco poenitentiae salutaria remedia ab imperitis quidem sacerdotibus non pro dilectorum qualitate providentur, a piis quidem canonicis scripturis institutis eadem facile prout unius cuiuslibet infirmitas requirit adhibentur ... Vita cp. 10. Collegit non pro ulla arogantia, sed ut ipse dixit, quia canonum jura poenitentiumque judicia in episcopatu suo omnino fuerant neglecta ac destructa. Ballerini 633.

3) Burchard, Praef. vulg. Et quia haec res ita habet, eo me dilectio tua rogavit, ut opellam hanc congestam junioribus nostris legendam proponerem, quo ipsi in idonea nimirum aetate ea discant, quae vel serior aequalium nostrorum aetas modo assequi non possit, vel antecessorum negligentia non attigit.

und hat es gethan. Das ist seine primäre, eigentliche substantielle Bedeutung.

19. Kirchliche Verfassung der Laien.

Karl der Große hatte es bisher am besten verstanden, die Arbeitskraft der Kirche mit der des Staates zu vereinigen. Er ließ einen weltlichen und einen geistlichen missus miteinander inspizieren. Er acceptierte die Canonen, die die Kirche geschaffen, und erhob sie zu einem staatlich sanktionierten corpus juris canonici der damaligen Zeit [1]). Die Bischöfe aber wirken nach unten hinab mit strafferer Autorität von den großen Städten, ihren Bischofsresidenzen aus, hinunter auf die kleinen Städte und das platte Land, während es den Landpfarrern nicht schwer fiel, ihrerseits der Gemeinde gegenüber ihre Autorität aufrecht zu erhalten. Doch der Zustand hatte sich ins Gegenteil verkehrt. Die Einigkeit von Staat und Kirche, wie sie unter Otto III. bestand, war in den oberen Regionen eine sehr fragwürdige, in den unteren bestand sie gar nicht, sondern überall Streit um das Gebiet der Befugnis. Die Sendgerichte hatten längst aufgehört, eine höhere Kontrolle gab es nicht mehr. Die verwüstenden Einfälle der Ungarn lenkten die Gedanken nur auf die nächste Zukunft hin, fort von jedem Einheitsbewußtsein; von Seiten der hohen Geistlichkeit kein Bemühen, es zu wecken und eine oberste Autorität eventuell mit Zwang aufrecht zu erhalten. So wäre es schon höchst schwierig gewesen, von seiten der unteren Geistlichkeit in einheitlichem Sinne auf die unterstellte Gemeinde zu wirken; aber auch die Pfarrer waren nichts weniger als zu einheitlichem Streben gewillt und befähigt. Der einzelne Pfarrer schrieb — wenn er überhaupt etwas that — fremde Pönitential- und Ritualbücher ab oder schrieb sie aus oder kompilierte sie [2]); so war es schon vor Karl dem Großen gewesen und während seiner Regierung nicht ganz verdrängt [3]); jetzt trat der Übelstand wieder fühlbar zu Tage. Solche Machwerke konnten nie auf die Gemeinde eine Wirkung ausüben, denn jeder Pfarrer verfaßte

---

1) Nitzsch 124.
2) Nitzsch 124.
3) Nitzsch 124.

sie ganz beliebig nach seiner Weise¹), und so hatte jedes Dorf andere Riten und andere Pönitenzen als seine Nachbardörfer. Jede Einheitlichkeit war verloren, damit jeder Anhalt, denn die Willkür der Geistlichen, mit welcher sie die Buße im einzelnen Falle erteilten, stieß die Gläubigen von der Beichte zurück²). Zweitens: waren die Grundlagen solcher Kompilationen fremde Bücher, welche auf ganz andere Verhältnisse berechnet waren, ganz andere Völker, Zeiten und Ausschreitungen im Auge hatten³); sie traten ferner häufig mit konkurrierenden weltlichen Rechtsbestimmungen in Widerspruch⁴) und waren schließlich überhaupt in ungeschicktester, ungenügendster, sich selbst widersprechender Weise angefertigt⁵). So hatte denn die Gemeinde keine Lust, zum Pfarrer zu gehen, der Pfarrer keine Macht, auf die Gemeinde zu wirken. Die Bischöfe aber zogen sich in kleine Landstädte zurück oder auf Landsitze, und scheuten sich, den Kampf für die Aufrechterhaltung der Autorität aufzunehmen. — Solche Verhältnisse fand Burchard in seiner Diözese vor, und so entstand ihm sofort die wichtige Aufgabe, diese geistliche Unbotmäßigkeit der Bevölkerung abzuschaffen, wollte er doch gerade dieselbe im allgemeinen in entschiedene Abhängigkeit von der bischöflichen Gewalt bringen⁶), zu ihrem eigenen Besten. So mußte zunächst vor allem mit der barbarischen **Pönitentiallitteratur** der Landgeistlichkeit definitiv **aufgeräumt** werden. Dann aber mußte positiv eine neue einheitliche **Norm** den Priestern in die Hand **gegeben** werden. Burchard hat das Erste zugleich mit dem Zweiten erstrebt. Sein Dekret sollte die partikularistische Pönitentiallitteratur verdrängen und eine einheitliche wirksame Norm zu-

---

1) Burchard, Praef. vulg. Certe coegit sacrarum in immensum scriptarum diffusa amplitudo ... Et id quidem vel ea ratione maxime flagitare videbaris, quod canonum jura atque poenitentium formae in nostra quidem dioecesi adeo confusa sint, atque inter se discrepantia, ut aut ex toto neglecta aut omni pene auctoritate destituta, vel modice in ecclesiastica disciplina institutis apparere possint.
2) Burchard, Praef. vulg.
3) Wasserschleben, B. O. 77. Nitzsch 125 u. 130.
4) Nitzsch 124 u. 127.
5) Wasserschleben, B. O. 83. Nitzsch 124.
6) Nitzsch 129.

gleich darbieten [1]). Hier ist die Veranlassung für dasselbe zu suchen. Die unmittelbare Notwendigkeit für seine Diözese [2]) war es, die ihn das Dekret arbeiten ließ, und Walther von Speier wie Olbert von Lobbes waren die rechten Mitarbeiter, von denen der eine, Nachbarbischof, mit denselben Gebrechen zu kämpfen hatte, der andere sich hier vorbereiten konnte für seine durchgreifende Klosterreform in Gembloux. Ein nicht geringes zur Vereinheitlichung trug zugleich das mächtige Wiederaufblühen der Wormser Metropole bei [3]), welches besonders das Einheitsgefühl der Bevölkerung aufs lebhafteste stärken mußte. Auch arbeiteten gewisse Bestimmungen direkt darauf hin, „die Kathedralkirche der Diözese gleichsam zum größten und höchsten Kontrollhof" zu machen. Es mußte die Bevölkerung vom Lande zu bestimmten Festen, wie an den drei großen [4]), am Fastensonntag und Gründonnerstag [5]), sich in der Metropole einfinden zu bestimmten Ceremonien und Handlungen in der bischöflichen Kirche.

Wir haben schon mehrfach gesehen, wie Burchard über die Unsittlichkeit seiner Zeit klagte, wie mannigfaltige schwere Verbrechen das Hofrecht ins Auge faßte, und wie Kaiser Heinrich persönlich dagegen zu arbeiten begann. Die meisten Verbrechen finden sich in ausführlicherer Weise, vom geistlichen Standpunkt aus, im Dekrete wieder berücksichtigt und andere Vergehen hinzugefügt. Ein Inquisitionsformular, welches Burchard für seine Visitationen ausarbeitete [6]), weist im Auszug die Reihe von Verbrechen und Vergehen auf, gegen die er anzukämpfen hatte; von achtundachtzig Fragen, die es enthält, fragt jede, ob ein oder mehrere Verbrechen in der Diözese passiert seien. Raufereien, Mord, Totschlag, Fehde, Blutrache, Trunkenheit, aber auch scheußliche geschlechtliche Ausschweifungen, Wucher u. s. w. spielen eine große Rolle. Es genügt

---

1) Nitzsch 130.
2) Burchard, Praef. vulg. Quantis autem hoc laboribus atque vigiliis praestiterim, deus optimus judicabit, quem, quod pro nostrae ecclesiae necessitate fecerim, non latet.
3) Decr. I, 31 u. 32. Nitzsch 128, 30.
4) Decr. II, 232. Nitzsch 129.
5) Decr. XIX, 26. Regino I, 295. Thietmar IV, 33.
6) Decr. I, 94.

für uns, zu erinnern, daß die Entsittlichung der Zeit, aus verschiedenen Ursachen, die größte war, um die Schwierigkeit bemessen zu können, die ihre Ausrottung zumal unter den übrigen Verhältnissen dieser Zeit bot. — So wie durch das äußere Aufblühen der Diözese die Vereinheitlichung des Lebens moralisch vorbereitet wurde, wurde es die Versittlichung durch Zuhilfenahme des weltlichen Rechts [1]). Burchards Ziel ist es gewesen, einen geistlichen Bischofsstaat zu gründen; sein Boden sollte mit geistlichen Vorstellungen getränkt sein [2]), aber das weltliche Recht wurde zunächst nicht verschmäht [3]) von ihm, der selbst ein weltliches Hofrecht schrieb, der das weltliche Recht öfters von geistlicher Seite her zu stützen versucht [4]), der in ihm gern einen starken Bundesgenossen hätte und ihm gewisse Gebiete nur deshalb entzieht, weil es dieselben nicht vollkräftig verwaltet. Das weltliche Recht sollte die rohere Abhobelung vornehmen, bis die geistliche Politur einsetzen konnte; dann aber sollte es aus seinem Dienste entlassen sein, und frühe wurde vorsichtig die Loslösung, besonders vornehmlich anstößiger Elemente angebahnt [5]). Andere Elemente aber sind wieder in einer eigentümlichen Weise in das kanonische Recht hineingezogen, und hierin ist wohl auch das Motiv zu Burchards eigenen Fälschungen zu finden. Er wollte gewisse Gedanken eines Kapitulars, wenn sie besonders wichtig waren, geistlichen Ursprungs sein lassen, denn noch befanden sie sich oft in Kraft [6]), bewußter weltlicher Ursprung ließ sie in der Achtung der Zeitgenossen sinken und verloren gehen bei dem Mangel an Autorität, welche damals die weltliche Regierung hatte. Die Kirche aber, wenn ihre Autorität bisher auch sehr gering war, strebte jetzt wenigstens nach ihr und rettete heilsame Rechtsanschauungen der Kapitularien durch die Einverleibung in ihr Recht und erhöhte die eigene Autorität mit der Kräftigung derselben. Bei allen diesen Verhältnissen aber muß

---

1) NITZSCH 130.
2) NITZSCH 132.
3) Decr. XV, 43; III, 232; VIII, 2; VIII, 50; u. a. NITZSCH 131.
4) NITZSCH 132.
5) NITZSCH 130, 132, 133.
6) GFRÖRER IV, 1, 177.

man sich obendrein stets den engen Zusammenhang zwischen dem geistlichen und weltlichen Recht vor Augen halten, der von Anfang an bestand[1]), und wie eine Loslösung vom weltlichen Recht in Immunitätsgebieten unwillkürlich eintreten mußte[2]). Wie nun oben das Dekret das normative Beispiel gab, so war hier des Bischofs Hofgemeinde, die familia S. Petri, eine Art Musterwirtschaft und ein Experimentalobjekt zugleich. Das Dekret aber, für die ganze Diözese bestimmt, nimmt auf die verschiedensten Arten der Verbrechen Rücksicht, es sucht die weitesten Kreise zu umspannen[3]), das öffentliche und besonders das private Leben ins Kleinste hinein durch seine Pönitentialsatzungen zu schützen[4]). Die Hilfe der weltlichen Macht wird zu diesem Schutze noch öfters herbeigezogen, oft aber auch stillschweigend beiseite gelassen. So ermahnt das 15. Buch wiederholt zum Gehorsam gegen die Fürsten[5]), aber der König und kein Machthaber darf etwas gegen das „göttliche Gebot" thun[6]), ja er wird sogar gelegentlich ermahnt, den Instituten des apostolischen Stuhles Folge zu leisten[7]). Oft werden Verhältnisse normiert, welche das weltliche Recht wohl mehr angehen als das geistliche[8]). Solche Fälle aber, bei denen die weltliche und geistliche Gewalt miteinander konkurrierten, respektive bisher zusammen arbeiteten, werden mehr und mehr geistlich aufgefaßt und geistlich bestraft. Die geistlichen Strafen für Totschlag und Mord, Diebstahl und Betrug und verschiedene Fragen des Eherechts, den Meineid u. s. w. werden sehr ausführlich von diesem Standpunkte aus behandelt. Die Standesverhältnisse werden vorsichtig berücksichtigt, verschiedene Ausnahme-Canonen finden sich im 19. Buch, für vornehme Büßer ein Hinterpförtchen lassend[9]). Wenn einer fasten kann und

---

1) NITZSCH 124.
2) NITZSCH 133/5.
3) NITZSCH 130.
4) NITZSCH 130.
5) Decr. XV, 23, (24), 25, 26.
6) Decr. XV, 8.
7) Decr. XV, 15 ff.
8) NITZSCH 130.
9) Decr. XIX, 20, 22, 23, 24. WASSERSCHLEBEN, B. O. 28/9 u. 50. NITZSCH 130.

erfüllen, was im Pönitential geschrieben steht, so ist es gut, und er mag Gott danken; wer es aber nicht kann, dem geben wir durch Gottes Barmherzigkeit den Trost, daß es weder für ihn noch für irgend einen anderen notwendig ist, zu verzweifeln oder zu verhungern [1]). Wenn einer nicht fasten mag, so darf er dafür sein Knie beugen, fünfzig Psalmen singen und einen Armen speisen [2]); wenn er aber nicht lange auf den Knieen liegen kann, dann darf er auch siebzig Psalmen im Stehen singen, aber der Reihe nach, und einen Armen speisen [3]). Andererseits aber wird den Vornehmen nicht so viel konzediert, daß darunter das Strafansehen der geistlichen Macht leide. Ähnliche Bestimmungen, wie folgende, sahen wir schon oben. Am Sonntag Quadragesimae müssen sich sämtliche öffentlich Büßende in der Hauptstadt dem Bischof präsentieren vor den Kirchenthüren, barfuß und im Büßergewande [4]). Wer glaubt, daß er nach Abbüßung wieder weitersündigen könne, wenn er genug besitzt, um sich durch Almosen frei zu kaufen, wer also Gott gepachtet zu haben glaubt, hat keine wahre Befreiung erlangt; keiner soll sündigen, damit er Almosen gebe, sondern er soll Almosen geben, weil er gesündigt hat; innere Betrübnis ist unerläßlich [5]). Wer nach der Buße zu den früheren Sünden zurückkehrt, mag der Feier der Mysterien beiwohnen, aber vom Tisch des Herrn ist er ausgeschlossen [6]). Wider alle kirchliche Regel ist es, daß nach der Buße jemand zum weltlichen Kriegsdienst zurückkehre [7]). Wenn ein Kleriker mißhandelt wird, kommt die Strafe dem Bischof ganz allein zu [8]).

Bei der Entsittlichung der Bevölkerung **kann man keinen hohen Bildungsgrad erwarten**. Die oberen Stände waren von der Bildungshöhe, die sie in der karolingischen Zeit eingenommen hatten, längst herabgesunken. Der niedere Adel,

---

1) Decr. XIX, 11.
2) Decr. XIX, 12.
3) Decr. XIX, 13.
4) REGINO I, 294. NITZSCH 130.
5) Decr. XIX, 56.
6) Decr. XIX, 57.
7) Decr. XIX, 66. REGINO I, 318.
8) WASSERSCHLEBEN, B. 27. — Ein Überblick der geistlichen Straftaxe in Decr. XIX, 5.

die Grafen, hatten jede Kenntnis verlernt, Lesen und Schreiben, wie sie es früher auszeichnete, war verschwunden, und mit der Kenntnis verschwand die Achtung sowohl vor dem geschriebenen Gesetz, als vor der litterarischen Bildung überhaupt [1]). Oft angeführt ist die Einsicht Wipos, der die Herstellung des Schulunterrichts für die Vornehmen fordert, um dem Gesetze wieder Achtung zu verschaffen [2]). Ebenso schlimm stand es bei den Geistlichen, wir werden sehen, wie Burchard sich bitter darüber beklagt, von der Masse gar nicht zu reden, die in Roheit und Aberglauben hinlebte. Noch wurden heimlich die Elemente verehrt [3]), Sonne und Mond, sein Zunehmen und Abnehmen [4]) und der Lauf der Sterne; noch baute man ein Haus [5]) und schloß eine Ehe [6]) gern beim Neumond; noch galt der Jahreswechsel [7]) als eine geheiligte Zeit, die man durch Festzüge auf den Straßen feierte, und der First des Hauses [8]) als ein heiliger Ort, wo man Weissagungen erhielt. Noch ging man zu den heiligen Quellen, Steinen und Hainen oder auf Kreuzwege [9]) und brannte eine Kerze oder Fackel daselbst an [10]), suchte dort Heil für Körper und Seele und erfuhr, auf einem Rindsfell sitzend, die Zukunft [11]). Man gab dem Toten eine Salbe [12]) ins Grab, damit er sich die Wunden im Jenseits heile, stellte an seinem Grabhügel Speisen auf [13]) und feierte daselbst die alten Festgelage und Festgesänge [14]). Viel klagt der Bischof über die diabolica carmina incantatorum [15]) und die Befragung der

1) NITZSCH 124.
2) WIPO, Tetralogus 190 ff.
3) Decr. XIX, 5, de arte magica.
4) Decr. X, 33; XIX, 5, de arte magica.
5) Decr. XIX, 5, de arte magica.
6) Decr. XIX, 5, de arte magica.
7) Decr. X, 16, 17; XIX, 5, de arte magica, item No. II, de arte magica.
8) Decr. X, 14; XIX, 5, de arte magica, item No. II, de arte magica.
9) Decr. XIX, 5, de arte magica, de superstitione.
10) Decr. X, 21; XIX, 5, de arte magica.
11) Decr. XIX, 5, de arte magica.
12) Decr. XIX, 5, de arte magica, item de arte magica.
13) Decr. XIX, 5, de arte magica.
14) Decr. XIX, 5, item de arte magica.
15) Decr. X, 3, 7, 24, 40; XIX, 5, de arte magica, dto. dto

magi [1]). Noch leben die Runen [2]), und aus gewissen Kräutern verfertigen unter Zaubersprüchen kundige Weiber ihre Heilmittel [3]), und solche behaupten auch, nächtlicher Weile weite Strecken durch die Lüfte auf gewissen Tieren zu durchreiten, im Gefolge der Diana [4]) oder Holda [5]). Man sieht, wie lebendig noch das Heidentum fortlebt, bisweilen gegen das Christentum in offenem Kampfe; gegen den Diener des Christentums wird konspiriert [6]); „schlechte Christen" stecken Kirchen in Brand [7]) u. s. w. — Der Aberglauben mochte ein besonders großes Ärgernis für Burchard bilden, denn er erläßt eine recht große Anzahl von Pönitentialbestimmungen gegen ihn, welche zum Teil von energischen Verwünschungen begleitet sind. Sie gewähren uns ein hohes Interesse dadurch, daß sie in anschaulicher Weise zeigen, wie es in den Köpfen der Bevölkerung in dieser Beziehung aussah, und uns zahlreiche wichtige Daten zur Geschichte der deutschen Mythologie überliefern [8]). Wie sehr Burchard eine Hebung der allgemeinen Volksbildung wünschen mochte, läßt sich denken, eine positive Berücksichtigung derselben wird uns ausdrücklich allerdings nirgends berichtet. Was an dem sittlichen Zustande des Volkes gebessert wurde, das kam ja auch zugleich der allgemeinen Bildung zu gute.

20. Reformation der Geistlichkeit.

Die allgemeinen Eigenschaften der Zeit, wie wir sie bei der Laien-Bevölkerung gesehen haben, zeigen sich auch bei der geistlichen. Die Geistlichen, insbesondere die Landpfarrer, die zerstreut auf den Dörfern der Diözese wohnten, hatten sich vom Bischof emanzipiert. Sie ließen sich den Einfluß desselben nicht weiter gefallen, als es ihnen beliebte [9]), normierten sich ihre Thätigkeit selbst, suchten, soweit es ging,

---

1) Decr. XIX, 5, de arte magica.
2) Decr. XIX, 5, de superstitione.
3) Decr. X, 20; XIX, 5, de arte magica.
4) Decr. X, 1; XIX, 5, item No. II, de arte magica.
5) Decr. XIX, 5, de arte magica.
6) Decr. X, 64, 68, 69; XIX, 5, de superstitione.
7) Decr. III, 56.
8) GRIMM, Deutsche Mythologie, Anhang XXX ff.
9) NITZSCH 127.

Einfluß auf die Bevölkerung zu gewinnen, betrachteten aber vor allem ihre Pfründen als Quelle ihrer Existenz; gegen den bischöflichen Einfluß konspirierten sie mit den niederen weltlichen Beamten[1]) u. s. w. Besonders lästig muß die Kategorie der „fahrenden Geistlichen", der clerici vagantes, gewesen sein, die in mancher Hinsicht den fahrenden Spielleuten der späteren Zeit oder den landstreichenden Bettelmönchen ähnlich sehen [2]). Das Nichtsthun und das Wohlleben mochte in jener interesselosen Zeit doppelt anziehen, und so mag bald eine Überfüllung in dem geistlichen Stande eingetreten sein. Viele mochten es so zu einer Pfründe nicht bringen, manche vielleicht ihres Amtes entsetzt sein u. s. w. In gleicher Weise hatte sich der Abt im Kloster längst entwöhnt, dem Bischof Folge zu leisten [3]), und entzog seinen Mönchen oft den nötigen Lebensunterhalt [4]). — Burchard, durchdrungen von dem Gedanken der Centralisation, konnte nicht länger zulassen, daß jeder Landpfarrer nach seinem unklaren Willen schaltete. Er mochte wohl bald die scharfen Bestimmungen ins Leben einführen, die das Dekret diesbezüglich aufweist: Jetzt durften nicht mehr neue Heilige erfunden und aufgefunden werden, ohne daß der Bischof ihre Verehrung gestattete [5]). Es durfte nicht mehr ohne des Bischofs ausdrückliche Genehmigung an Ort und Stelle eine Kirche erbaut werden, ohne daß er sich von der Existenzfähigkeit derselben überzeugt und sie dann persönlich eingeweiht hatte [6]). Es wird ferner festgesetzt, daß jede Kirche bestimmten Ackerbesitz habe, der von jeder Dienstleistung frei ist, damit sie nicht nötig habe, von dem Zehnten und Gnadenschenkungen zu leben. Wenn sie außerdem Land zu Lehen nehme, dann müsse sie ihrem Senior die Dienstleistung vollziehen [7]); auch darf dagegen niemand die Geistlichkeit zu zwingen versuchen, von ihrem freien Besitz Abgaben zu leisten [8]). Es wird dann untersagt, auf den Ackern

1) WENCK, Das fränkische Reich 130, 138. NITZSCH 127.
2) Decr. II, 112 etc.; VIII, 56 u. 57.
3) NITZSCH 127/8.
4) MATTHAEI, Die Klosterpolitik Kaiser Heinrichs II., 26.
5) Decr. III, 51.
6) Decr. III, 6.;
7) Decr. III, 52.
8) Decr. III, 53.

und Wegen zerstreut Altäre (d. h. wohl kleine Kapellen mit Heiligenbildern) aufzustellen, ohne Reliquieninhalt, oft von Leuten, die eine Vision geträumt haben; vorhandene sollen vielmehr abgetragen werden, und wenn das wegen Volksaufruhr unzulässig erscheint, wenigstens die Leute ermahnt werden, diese Stätten nicht zu besuchen, damit die vernünftig gebliebenen nicht auch abergläubisch würden[1]). Ein interessantes Kapitel, es steht wie die vorher citierten, nicht bei REGINO[2]); eine Quelle ist nicht aufzuweisen. Die Messen dürfen nur an Orten, die vom Bischof geweiht sind, gehalten werden, doch gestatten wir, daß, wenn irgendwo, was allzu oft geschehen ist, von den Normannen, Slaven, Ungarn und schlechten Christen, oder auf irgend eine andere Weise die Kirchen angesteckt und eingeäschert sind, in einer Kapelle mit geweihter Tafel zeitweilig Messen gelesen werden, bis die Kirchen selbst wieder hergestellt werden können; auch unter freiem Himmel darf Messe gelesen werden, wenn die erforderlichen heiligen Geräte vorhanden sind, sonst aber nicht. Jetzt mußten mit dem Volk auch die Geistlichen vom Lande, wie erwähnt, allesamt zu bestimmten **Festen** sich in der **Metropole** einfinden. Vor dem bischöflichen Klerus und der Stadtgeistlichkeit durfte der Landpfarrer keine geistlichen Handlungen vollziehen[3]). Der neue Bischof griff mit starker Hand durch; häufiger, als man bisher gewohnt war, fand er sich zur **Visitation** ein[4]), und unliebsamen Entdeckungen mochte er gründlich seine Mißbilligung kundgeben. Mit den Konspirationen der Pfarrer und der weltlichen Beamten gegen den Bischof war es auch nicht mehr viel, seitdem der Bischof den **Beamten** aus seiner früheren Stellung **herabgedrückt** hatte, seitdem der Bischof ihn mit seiner Gerichtsbarkeit belehnte[5]). Auch durfte sich niemand mehr im Lande herumtreiben ohne einen **Reisepaß**, den der Bischof ausstellte[6]). Auch gegen die Unabhängigkeit der Klöster wurde durch scharfe **Bestimmungen**

---

1) Decr. III, 54.
2) WASSERSCHLEBEN, B. Synoptische Tabelle. NITZSCH 129.
3) Decr. V, 44. NITZSCH 129.
4) Wenigstens in dem Dekret empfohlen.
5) NITZSCH 127.
6) Decr. II, 111, 112, 138; VIII, 57.

die Herrschaft des Bischofs den Abten eingeprägt [1]). Da man auch hier eine Reihe von Kapiteln nachweisen kann, welche Burchard in keiner seiner Vorlagen fand [2]), darf man sagen, Burchard normiert die Stellung der Klöster zum Bischof in einer dem letzteren günstigen [3]) und in einer neuen Weise [4]). Die Äbte stehen in der Hand des Bischofs, und wenn sie gegen die Regel verstoßen, werden sie vom Bischof korrigiert. Nicht einmal, sondern häufiger im Jahr sollen die Bischöfe die Klöster visitieren; die Mönche aber sollen den Abten unbedingt gehorsam sein u. s. w. Das Vagieren der Mönche wird streng verboten [5]). Die Mönche dürfen keineswegs zu weltlichen Gerichtsverhandlungen gehen, und auch der Abt nicht ohne Erlaubnis des Bischofs, selbst im Notfalle; daselbst darf er keinen Zank und Streit anfangen und nur antworten, wenn er gefragt ist; auch sonst soll der Mönch das Kloster nicht verlassen, außer wenn er vom Abt notwendig geschickt wird [6]). Wenn ein Abt sich im Amt bescheiden, keusch, nüchtern, milde und verschwiegen nicht bewährt und mit Wort und That die göttliche Lehre nicht vertritt, so kann er von seinem Bischof und den benachbarten Äbten abgesetzt werden, auch wenn seine gesinnungsgenössische Clique ihn als Abt behalten will [7]). Wenn Kanoniker in einem Kloster leben, so sollen sie entweder nach der mönchischen oder der kanonischen Regel leben (nicht ohne eine) [8]). Der Bischof hat zu bestimmen, wer den Nonnen vorzustehen habe [9]). Andererseits bewies Burchard seine Milde in zahlreichen Schenkungen und Anordnungen für die Klöster und für die Stifter [10]). Er ließ nicht zu, daß die Äbte das gemeinsame Klostergut für sich allein in Beschlag nahmen, die Präbenden vorenthielten u. s. w. Das Nonnenstift Maria Mün-

---

1) Nitzsch 133.
2) Richter, Beiträge 61, 62, 69.
3) Decr. VIII, 3, 5, 67, 72, 76, 89, 96 u. a.
4) Nitzsch 134.
5) Decr. VIII, 67.
6) Decr. VIII, 89. Nitzsch 134.
7) Decr. VIII, 96.
8) Decr. VIII, 5.
9) Decr. VIII, 76.
10) Schannat I, 334.

ster[1]), die Stifter bei den Kirchen von St. Paul[2]), St. Petrus[3]), St. Andreas[4]), St. Martin[5]), St. Cyriax[6]) erfuhren, wie uns ausdrücklich gemeldet wird, seine Freigebigkeit.

Zu der Unbotmäßigkeit kam die **Entsittlichung** auch hier hinzu. Aus dem Inquisitionsformular, welches Regino an die Spitze seines Manuals stellt, kann man sich ein deutliches Bild machen. An der Spitze stehen die geschlechtlichen Ausschweifungen. Entweder war der Priester verheiratet[7]) oder lebte mit einer Konkubine[8]) oder hielt die völlige Ungebundenheit für das Beste[9]). Seine Amtskleidung trug er nicht[10]), wenn er im Wirtshaus lag[11]) oder auf die Jagd ging[12]) oder mit einer Fehde zu thun hatte[13]); dann ließ er eventuell einen Laien für sich seine Dienste verrichten[14]), oder that er etwas, dann ließ er sich seine Thätigkeit gründlich bezahlen[15]), oder er bestahl seine Kirche[16]); auch hatte er eine Vorliebe für gewisse kleine Bankgeschäfte[17]); gelegentlich war er ein unfreier Mann[18]), oder er war durch Simonie zu seiner Stelle gekommen[19]), hatte wohl auch zugleich mehrere Ämter unter sich[20]); die Kirche zerfiel oder starrte vor Schmutz[21]), wie

---

1) SCHANNAT I, 333.
2) SCHANNAT I, 122 u. 333. Allg. Biogr. III, 563.
3) Vita cp. 16.
4) SCHANNAT I, 334. EBELING II, 531.
5) SCHANNAT I, 334.
6) Vita cp. 16. SCHANNAT I, 333.
7) REGINO 62. Decr. II, 117 ff.
8) REGINO 18.
9) Decr. II, 118.
10) REGINO 65. Decr. II, 208.
11) REGINO 23, 26, 37, 40. Decr. II, 119, 120.
12) REGINO 25. Decr. II, 213/4.
13) REGINO 23, 24. Decr. II, 211.
14) REGINO 18.
15) REGINO 20, 38, 39.
16) REGINO 70. Decr. II, 118, 189.
17) REGINO 42, 52.
18) REGINO 78.
19) REGINO 45, 46.
20) REGINO 47.
21) REGINO 1, 4, 6, 7.

seine Amtskleidung[1]). Es ist nicht nötig, daß diese Verhältnisse überall in derselben Vollzähligkeit auftraten, aber unleugbar war die allgemeine Zerrüttung eine sehr große. Die Unsittlichkeit aber — an erster Stelle wieder die geschlechtliche — trieb auch in den männlichen wie weiblichen Klöstern wie in Treibhäusern ihre Blüten. Das 8. und 17. Buch der Dekrete giebt eine große Zahl solcher Laster. — Diese konnten sich jetzt nicht mehr so breit machen, der visitierende Bischof sah auch da hinein. Streng sind die Strafen, die das Dekret gegen die verschiedenen Arten der Unsittlichkeit feststellte, selbst die Absetzung wird oft angedroht[2]). Andererseits war Burchard durchaus kein unmenschlicher Rigorist; gegen den Übereifer mancher Priester und Laien, insbesondere vielleicht jüngerer seiner Schule, schützte er die bereits verheirateten Priester[3]). Viel scheint er sich von einem eigentümlichen System versprochen zu haben, dessen Wirksamkeit uns vielleicht fragwürdig erscheint, bei allen Kirchen Stifter zu errichten, daselbst die Geistlichen kloster- oder alumnatartig einzusperren[4]) und ihnen eine allgemeine Regel zu geben[5]). Als belebendes Beispiel aber mußte vor allem des Bischofs eigener Lebenswandel wirken[6]), streng war er gegen sich selbst, kärglich seine Kost und sein Trank[7]); milde und freigebig war er gegen die Armen. In schlaflosen Stunden der Nacht machte er sich, nur von einem Vertrauten begleitet, auf den Weg und durchforschte die nächtlichen Gassen, ob er nicht einen Armen fände, den er trösten und beschenken könnte[8]). Die ersten Morgenstunden brachte er im Gebete zu in seiner Kapelle. Oft und gern betonte er die Würde des geistlichen Standes, wie er berufen sei, die Menschen zu ihrem Heile zu lenken[9]).

---

1) Regino 12.
2) Decr. II, 108 u. a.
3) Decr. III, 75 u. 207, u. VIII, 64.
4) Schannat I, 334.
5) Vita cp. 9.
6) Allg. Biogr. III, 563.
7) Vita cp. 20.
8) Vita cp. 20.
9) Burchard, Praef. vulg. Neque enim sacerdotis nomen meretur, qui quam solicite Evangelicam minam expendi oportet ignorat, ut caecus caeco dux esse non potest.

Hand in Hand mit dieser Entsittlichung ging eine barbarische **Unwissenheit** auch bei der Geistlichkeit, die Burchard oft schwer beklagt; entweder es fehlten dem Pfarrer die Bücher, die zu seinen Amtshandlungen nötig waren [1]), oder wenn er welche hatte, verstand er doch meistens den Inhalt nicht [2]). Wie eine Taufe und andere Handlungen eigentlich kanonisch vorzunehmen seien, wußte er nicht [3]), geschweige daß er sein Gedächtnis je durch Memorieren beschwert hätte [4]). Reginos letzte Frage ist: ob der Pfarrer eines der bekannten Pönitentialbücher habe, um danach den Pönitenten auszufragen und ihm das Strafmaß zu stellen [5]). Die Unwissenheit in den Klöstern war eine entsprechende; die karolingische Blüte der Litteratur auch in den Klöstern war abgeblüht; das weltfreudige Eckehardische Mönchstum hatte sich ausgelebt, und der asketische Geist von Clugny war noch nicht über die Vogesen nach Deutschland eingedrungen. — Zwar wird es nicht berichtet, daß Burchard **Schulen** gegründet habe, um den Bildungsgrad der Geistlichen zu heben, aber das größte Verdienst hat er sich auch in dieser Hinsicht durch sein **Dekret** erworben. Dasselbe ist seiner eigenen Aussage nach auch in hohem Maße zum Lehrbuch der jüngeren Geistlichen in der Schule bestimmt [6]). Ferner erzählt uns sein Biograph, wie er oft die jungen Schüler aufgefordert habe, nicht blöde zu sein, sondern ihm kleine Aufsätze zu unterbreiten, in denen er ihnen dann **Korrekturen** anbrachte und dabei aufgeworfene Fragen beantwortete, und wie

---

1) Regino 42.
2) Regino 82, 83, 84.
3) Regino 88, 89.
4) Regino 89, 91.
5) Regino 96.
6) Burchard, Praef. vulg. Et quia haec res ita habet eo me dilectio tua rogavit ut opellam hanc congestam junioribus nostris legendam proponerem, quo ipsi in idonea aetate ea discant, quae vel senior aequalium nostrorum aetas modo assequi non possit vel antecessorum negligentia non attigit. Utpote decentissimum existimans, ut quis cum omni probitate se discipulum prius exhibeat, quam doctoris autoritatem apud vulgum temere praesumat. Et in scholis discat, quod suae fidei commissos doceat.

sie es auch thaten, als sie des Bischofs Gelehrsamkeit sahen [1]). Daß er speziell für den Unterricht in den Klöstern direkte Sorge getroffen hätte, ist nicht ausdrücklich zu erweisen, abgesehen davon, daß das Dekret auch viel Studienstoff für die Klöster enthielt, doch daß auch diese ihm am Herzen lagen, ist fraglos; wenn man andererseits vielleicht auch herausfühlen könnte, daß der realistische, weltzugewandte Mann diesem Institut weniger geneigt sein mochte als seine Zeit im allgemeinen. Nicht zum mindesten aber mochte ferner seine eigene litterarische Thätigkeit anspornend auf die jungen Geistlichen wirken. Er arbeitete gern zur Erholung nach angestrengter Berufsarbeit in seiner Zelle bei der Stadt, die er sich dazu erbaut hatte [2]). Hier soll auch in der Stille seine Canonensammlung entstanden sein [3]), die ihm so großen litterarischen Ruhm eingebracht hat. Wir besitzen außer dieser und dem ebenso wichtigen Hofrechte nur noch wenig, das von seiner Hand herrühren mag [4]): die drei Schenkungsurkunden für Peter, Paul und Nonnenmünster, das Regulativ für die Erhaltung der Stadtmauer, wenn es von ihm stammt, die Beantwortung einer jener oben erwähnten Schülerfrage in der Vita [5]), wenn ihr Wortlaut nicht vom Biographen herrührt, und endlich der Dankesbrief an Alpert [6]), der die Annahme der Dedikation seines Werkes enthält: „De diversitate temporum".

VII. Burchards letzte Tage.

Bereits mehrere Jahre vor seinem Tode hatte Burchard vielfach Krankheiten zu erdulden gehabt. So wurde er einmal von einem Lähmungszustand befallen [7]), von dem er jedoch genas, um sich wieder seinem Wirken zuzuwenden. Mochte von dieser Krankheit ein Rest ihm geblieben sein, oder mochte er sich neues Unwohlsein zugezogen haben, Kränklichkeit

---

1) Vita cp. 20.
2) Vita cp. 10.
3) Vita cp. 10.
4) MASTRICHT 286/7.
5) Vita cp. 19.
6) WATTENBACH I, 302/3.
7) Vita cp. 20. SCHANNAT I, 334.

war es, was die Vollendung seines letzten Kirchenbaues, der Kirche von St. Martin, verhinderte [1]). Im letzten Lebensjahre steigerte sich sein Mißbehagen so sehr, daß er sich in die innere Stadt zurückziehen mußte [2]), wohl im Juli 1025 [3]). Diese hat er nur noch einmal verlassen, als er den König Konrad nach Tribur geleitete. Hier schon mußte ihn wohl die Erkenntnis seines Zustandes zur Voraussage seines baldigen Endes veranlassen, wenn ihn auch die Willenskraft des Mannes für die Umgebung so sehr zurückdrängte, daß seine Worte für Scherz aufgefaßt wurden [4]). Nach Worms zurückgekehrt, kam eine dysenterische Krankheit dazu [5]) und der Tod nahte [6]). Die Umgebung verschiedener Stände und die allgemeine Teilnahme zeigt, welch gesegneten Ruf er genoß. In den letzten Tagen versammelte er seine Schüler, um sich von ihnen zu verabschieden [7]); darauf traten seine milites, Klienten und andere vor ihren Herrn, und er entließ sie mit warmen Worten [8]); auch fürstliche Vasallen befanden sich in seiner Umgebung, und seine Schwester Mathilde pflegte ihn in Treue die wenigen Tage bis zum Sterben [9]), am 20. August des Jahres 1025 ist er in der Morgenstunde verschieden [10]). Die Hinterlassenschaft war außerordentlich

1) Vita cp. 21.
2) Vita cp. 21. post hinc biennium, quam rex in regni solium est sublimatus, imbecillitas virium servo dei ultra solitum accrescere coepit. Cumque languore nimio aegrotaret, intra civitatem se recepit diem et horam futurae redemtionis exspectans.
3) WAITZ, SS. IV, 844: 1025 Juli.
4) Vita cp. 21. BRESSLAU I, 95/6. LANTBERT, Vita Heriberti cp. 12.
5) Vita cp. 21.
6) Vita cp. 22.
7) Vita cp. 22.
8) Vita cp. 22.
9) Vita cp. 22. BRESSLAU I, 95/6.
10) Vita cp. 23. Necrol. Wimp. in Vind. litterar. collect. II. Kalend. Necrol. Weissenb. bei BÖHMER, fontes IV, 313. Ann. Necrol. Fuld. maj. 1025. HERMANNUS, Chartulare Wormatiense, ein Stück ed. WAITZ, SS. IV, 829, 1. SIGEBERT, lib. de scriptor. eccles. cp. 141. FABRICIUS, Bibliotheca Ecclesiastica Sigebert l. d. script. e. cp. 141, Scholion. MASTRICHT 287, 290 u. 291. PANTALEON, Prosopographia illustrium virorum totius Germaniae II, 46. BALLERINI 633. SCHANNAT I, 333.

gering, die Fürsten, welche die Zeit seines Todes nicht erwarten konnten, um ihr Spolienrecht auszuüben, drangen schon in den Tagen, wo er noch darniederlag, in die Schatzkammer ein, fanden aber, außer der Kirchenkasse, nur Regale voll Bücher und in einem Handschuh drei Denare [1]). Seiner Schwester aber hatte er auf dem Sterbebette den Schlüssel zu einem Schränkchen gegeben, dessen Inhalt sie zu seinem Andenken bewahren sollte; es enthielt ein Büßerkleid und eine Gebetskette, die vom fleißigen Gebrauch Zeugnis ablegte [2]). Die Exsequien fanden in der üblichen Weise statt; sein Leichnam wurde zuerst durch die Kirchen der Diözese umhergetragen, was seine Ministerialen besorgten [3]), während der Klerus die sonstigen kirchlichen Feierlichkeiten ausführte [4]). Man setzte ihn im Ostchor des Domes beim Altare des heiligen Laurentius in einer Krypta bei [5]). Sein Grabmal schloß, wenig über dem Estrich erhoben, ein Grabstein ab [6]), in der Form eines ausgehöhlten Halbcylinders [7]), auf dem die schlichten Worte standen: Hier ruhet Buggo, einstmals hiesiger Bischof. Eine Lampe vor seinem Grabmal lud zu frommer Erinnerung an den Toten ein [8]), nachdem seine Gebeine von einem Nachfolger eleviert und in einem bemalten Holzsarg hinter dem Hauptaltar beigesetzt worden waren [9]), wo sie dann den Gläubigen alljährlich gezeigt wurden [10]). Während im 17. Jahrhundert GEORG HELWICH sie daselbst gesehen haben will [11]), hat im 18. Jahrhundert SCHANNAT sie vergeblich gesucht [12]).

---

1) Vita cp. 22. ARNOLD I, 49. BRESSLAU I, 95/6. WAITZ, SS. VIII, 250.
2) Vita cp. 23. BRESSLAU I, 95.
3) Vita cp. 23.
4) Vita cp. 23.
5) Vita cp. 23. SCHANNAT I, 334.
6) SCHANNAT I, 334.
7) SCHANNAT I, 184. Tab. III, Fig. 3 giebt eine Abbildung; hemisphärisch ist er nicht zu nennen.
8) M. S. Chron., bei SCHANNAT I, 334.
9) M. S. Chron., bei SCHANNAT I. 334.
10) M. S. Chron., bei SCHANNAT I, 334.
11) HELWICH, Prodrom. annal. Worm. 22. SCHANNAT I, 335.
12) SCHANNAT I, 335.

Schluſs.

Schon einem flüchtigen Blick kann es in Burchards Bemühungen für seine Diözese nicht entgehen, daß alle seine mannigfachen Thätigkeiten nicht ohne inneren Zusammenhang sind, daß sie vielmehr alle in einen Grundgedanken zurückführen. Das ist es, was wir das Lebensziel des Bischofs nennen können, oder, im Gegensatz zu der realen Ausführung, die seiner praktischen Thätigkeit zu Grunde liegende Theorie. Nicht als ob diese von vornherein ein in seinen Einzelheiten unabänderlich ausgedachtes Programm gewesen sein müsse, aber unverrückbar ist stets ein letzter Wunsch der treibende für Burchard geblieben. Dieser war in allgemeinster Fassung: sein Bistum zu heben. Doch konnten die heilsamsten Maßregeln dem Volk nur nützen, wenn es sie annahm, d. h. **vorbereitend** mußte behutsam die öffentliche Meinung gewonnen werden. Hatte der Bischof aber die Blicke seiner Untergebenen auf sich gelenkt, dann galt es, das Volk enger und enger mit den Vorstellungen seines Gesichtskreises zu befreunden und zu durchdringen. Dann konnte der Bischof zur **eigentlichen Hebung** fortschreiten, und Folgendes waren die **Hauptmittel** zu derselben. Erstens die äußerliche und innerliche Hebung der Metropole: sie sollte eine freundliche, schöne, glanzvolle Stadt sein, im Handel und Wandel blühend, in der Verfassung wohl organisiert. Alsdann waren die materiellen Mittel des Bistums möglichst zu erweitern, möglichst viele Erwerbungen an nutzbaren Gütern zu erstreben und die Abgaben der Diözese ganz in die Centralkasse des Bischofs zusammenzuziehen; nicht mehr durfte der Graf und andere Beamten das Volk aussaugen. Drittens waren die gesamten Rechtsbefugnisse in der ganzen Diözese zusammenzufassen und die sonst bestehenden weltlichen Obrigkeiten also auch in diesem Zusammenhange zu beseitigen, das Rechtsverfahren zu vereinheitlichen und aufs strengste auszuüben, kirchenrechtlich gegenüber der unterstellten Geistlichkeit, weltlichrechtlich zugleich gegenüber seinen Hörigen und freien Unterthanen. Schließlich war der gesamte Kultus der ganzen Diözese nach der einen Norm der Metropole zuzuschneiden, die gesamte kleine Hierarchie des Bistums unbedingt abhängig von der centralen Leitung des Bischofs zu machen.

Die Bedeutung Burchards von Worms für den Historiker liegt in folgenden Punkten: Er war eine der **menschlich interessantesten Persönlichkeiten** seiner Zeit durch seine klaren, treffsicheren Gedanken, sein weiches, aber sittlich gesundes Gemüt, seine betriebsame Beharrlichkeit. **Höchst mannigfach** ist ferner seine **Bethätigung** gewesen: in der politischen Geschichte des Reiches und der Kirche im allgemeinen, in derjenigen des Wormser Bistums und der Wormser Stadt im besonderen, in der Rechtsgeschichte des kanonischen und des Hofrechts, endlich in der Geschichte der deutschen Mythologie wird sein Name dauernd zu nennen sein. Von allergrößtem Interesse aber wird er darum bleiben, weil niemand tiefer und zusammenhängender **die Bedürfnisse des deutschen Episkopats im früheren Mittelalter durchdacht**, niemand mehr erfolgreich und beispielgebend diese Bemühungen durchgeführt hat als er.

Lebenslauf.

Ich, Hermann Christian August Wilhelm Grosch, evangelischer Konfession, wurde am 25. Januar 1866 im Forsthaus Potempa im oberschlesischen Kreise Gleiwitz geboren als Sohn des Wildmeisters Wilhelm Grosch. Nachdem ich den elementaren Unterricht in Privatstunden bekommen, genoß ich den gymnasialen zu Gleiwitz, Ratibor und Mühlhausen i. Th. Im Oktober 1885 bezog ich die Universität Leipzig, im S.S. 1887 diejenige zu Bonn, im folgenden die zu Berlin und seit dem S.S. 1888 wieder diejenige zu Leipzig. Philologisch-historische und philosophische Studien bildeten meine hauptsächlichste Beschäftigung; zu Lehrern habe ich gehabt die Herren Professoren: Biedermann, du Bois-Reymond, E. Curtius, H. Delbrück, Ebbinghaus, Fricker, v. d. Gabelentz, Gardthausen, Heinze, Hirschfeld, Hildebrand, R. Kekulé, Lazarus, Masius, Maurenbrecher, J. B. Meyer, Ratzel, Richter, Roscher, Schaaffhausen, E. Schmidt, Schrader, Seydel, Steinthal, v. Treitschke, Voigt, Wachsmuth, A. Wagner, Wattenbach, Wenk, Windisch, Witte, Wundt, Zarncke. Auch war es mir vergönnt, in Leipzig vier Semester an den Übungen des Kgl. historischen Seminars unter Leitung der Herren Professoren Maurenbrecher und Gardthausen, zwei Semester am Kgl. germanistischen Seminar unter Leitung des Herrn Professor Zarncke, ein Semester am Kgl. geographischen Seminar unter Herrn Professor Ratzels Leitung und zwei Semester an der litterarhistorischen Gesellschaft des Herrn Professor Biedermann teilzunehmen. Allen meinen verehrten Lehrern fühle ich mich für immer zu größtem Danke verpflichtet, insbesondere Herrn Professor Maurenbrecher, dem ich während mehrjährigem Verkehr reiche Anregung verdanke.